K.G. りぶれっと No. 51

プロジェクト評価の考え方と実践

DAC評価5項目によるプロジェクト評価

大迫正弘［著］

関西学院大学出版会

はじめに

本書は、「DAC（ダック）評価5項目」をもちいたプロジェクト評価の考え方と実践の解説書である。DAC評価5項目は、経済協力開発機構（OECD）[1]の開発援助委員会（DAC）[2]が1991年に提唱した開発援助プロジェクトの評価の視点であり、同年以降、政府機関、国際金融機関、NGOなど、世界中の開発援助機関がプロジェクト評価にもちいてきた。また、事業評価の視点として普遍的なものであるため、同様の概念は公共事業の評価にも広くもちいられている。2010年当時の民主党政権がおこなった事業仕分けでは、妥当性、有効性、効率性といった、DAC評価5項目のそれとほぼ同様の視点が事業を仕分ける基準としてもちいられた[3]。

関西学院大学でおこなっていた講義「プロジェクトマネジメントII：モニタリング・評価」は、このDAC評価5項目によるプロジェクト評価を講義と演習をとおして紹介する講義だった。本書はそのテキストとして意図したものである。残念ながら同講義は2017年度をもって終了したため、本書が講義テキストとして使用される可能性は低くなってしまった。しかし、本として存在すればテキストとして使用される可能性はゼロではない。ということで、先にプロジェクト計画のテキストとして執筆した『グローバル人材に贈るプロジェクトマネジメント』（2013年）とならんで、プロジェクトの計画と評価をカバーするテキストがそろったことは喜びとしたい。

一方、日本政府がおこなっている開発援助事業では、年間約400件の

1　経済成長、開発、貿易拡大を目的に調査、研究、政策提言をおこなう世界最大のシンクタンクであり国際機関。1961年に設立。日本は1964年に加盟（外務省ホームページ2019年8月閲覧）。

2　経済成長、貧困撲滅、途上国の人々の生活水準の改善に貢献するためにOECD内に設置された、開発協力・政策を促進することを目的とした委員会（外務省ホームページ2019年8月閲覧）。

3　行政刷新会議（第2回）議事録（国立国会図書館インターネット資料収集保存事業ホームページ2019年8月閲覧）。

ベースでプロジェクト評価がおこなわれており、これらのほぼすべてがDAC評価5項目による評価である。また、国内の公共事業でも同様の概念をもちいた評価がおそらく年間相当数おこなわれているだろう。これらにかかわる省庁・自治体職員、団体職員、コンサルタント、事業者にとって、評価の基本的な考え方と具体的な実践方法をしめした本書は有益な参考書になると信じている。

執筆にあたってはテキストとしての簡潔さを心がけたが、書き進めるうちに、あれこれと派生的な話に触れたくなった。いっさい枝葉に触れないのもひとつのあり方だろうが、テキストだからこそ、学習者諸氏の知的好奇心を刺激するものでありたい。そこで、枝葉を積極的に、ただし脚注に記載することにした。したがって、今後のさらなる発展にむけた知的領域への扉はむしろ脚注にある。ぜひ脚注も楽しんでいただきたい。

本書の執筆にあたっては多くの方々のご助力をいただいた。新光オーエムシー株式会社代表取締役／公認会計士／拓殖大学大学院客員教授の杉本正実氏には資産の考え方および監査に関して、株式会社三祐コンサルタンツ執行役員でありNPO法人PCM Tokyo[4]の仲間である久野叔彦氏には農業プロジェクトに関して、それぞれご教授いただいた。なお、資産、監査、農業に関して本書に不適切な記述があれば、それはひとえに筆者の責任である。また、開発コンサルタントの同業者でありPCM Tokyoの仲間である高橋佳子氏と林泰子氏には原稿を通読いただき、多くの適切なコメントをいただいた。本文中で過去のいろいろな評価の例を紹介したが、これらの多くは評価研修の講師仲間から聞いた話である。すでに誰からどの話を聞いたのか記憶が定かでないので、氏名は割愛させていただくが、感謝をのべたい。そして、計画編に続いて評価編のテキストを出版してくださった関西学院大学出版会統括マネージャーの田中直哉氏と編集者の浅香雅代氏に、心からの感謝をのべる。

4　開発援助の世界で広く使われている参加型プロジェクトマネジメント手法PCM（Project Cycle Management）を国内に紹介・普及することを目的に、開発コンサルタントが中心となって2007年に設立したNPO法人。PCMに関しては『グローバル人材に贈るプロジェクトマネジメント』（2013年）を参照願いたい。

計画編と評価編がそろったので、もうPCM関連の本を書くことはないだろうと思う。そこで最後に、FASID（一般財団法人国際開発機構）元参与で、私をPCMモデレーター[5]として育ててくださった岡田尚美氏に、心からの感謝を捧げたい。本書には岡田さんから教わったことも数多く書かせていただきました。そして、長きにわたって、ありがとうございました。

2019年9月

大迫　正弘

5　参加型ワークショップでPCM手法をもちいる際のファシリテーター。

目　次

第1章

プロジェクト評価とは何か

第1章　プロジェクト評価とは何か

1.1　評価とは何か

教育政策および評価の研究者C. H. ワイスは、評価を次のように定義している。

> 評価とは、プログラムや政策の改善に貢献するために、プログラムや政策の活動や効果を、一連の明示的あるいは暗黙的な基準と比較することによって、体系的に明らかにすることである[6]。

この定義の要点は、評価の目的はプログラムや政策の改善であること、評価の対象は活動とその効果であること、評価はそれら活動と効果をなんらかの基準と比較すること、である。ここでは、評価が比較であることが明確に打ち出されているが、評価がものごとを価値づける行為であることには触れられていない。

評価を価値づける行為として定義したのは、評価研究で著名な哲学者M. スクリヴェンである。

> 評価とは、ものごとの利点、価値、意義を確定することである[7]。

以上、定義に関して押さえておきたい2点が出そろったので、簡単だが定義の話はここまでにしておく。2点とは、「評価は比較である」というこ

---

6 "Evaluation is the *systematic assessment of the operation and/or the outcomes* of a program or policy, compared to a set of *explicit or implicit standards*, as a means of contributing to the *improvement* of the program or policy," (Weiss, 1998, p. 4).

7 "Evaluation is the determination of merit, worth and/or significance of things," (Scriven, 1980, p. 7).

とと、「評価は価値判断である」ということである[8]。

1.2　プロジェクトとは何か

次に、プロジェクトとは何かを確認しておく。プロジェクトマネジメントの実質的な世界標準であるPMBOK®（ピンボック[9]）は、プロジェクトを以下のように定義している。

> プロジェクトとは、独自のプロダクト、サービス、所産を創造するために実施する、有期性のある業務である。（PMI, 2017）

「独自」は英語では「ユニーク（unique）」、唯一の、前例がない、ということ。つまり、プロジェクトはこれまでに生み出したことのない、前例のない製品や財やサービスを生み出す業務である。前例のないものを生み出す試みだから「創造」する業務なのである。「有期性」とは期間の定めがあるということ。したがって、プロジェクトには明確な始まりと終わりがある。以上をまとめると、プロジェクトとは、前例のない独自な製品や財やサービスを定められた一定期間内に創造する業務、ということになる。

1.3　プロジェクト評価とは何か

では、プロジェクトを評価するとはどういうことか？　DACは、プロジェクト評価を次のように定義している。

8　『第４世代評価』（1989年）のグーバとリンカーンは、「評価の定義は人間の心的構築物であり、現実（reality）との対応は論点となりえない、そのため、評価とは何かという問いに答えはないし、問うこと自体が無意味である」といっている。過激だ。第４世代評価については第７章でその一部を紹介する。

9　PMBOK®（Project Management Body Of Knowledge）は、米国のPMI®（Project Management Institute）が定めたプロジェクトマネジメントの米国標準であり、実質的な国際標準である。防衛や宇宙開発といった工学系のプロジェクトの経験のなかから生まれたものだが、その適用範囲は工学系にとどまらず、あらゆるプロジェクトを対象としている。

実施中あるいはすでに完了したプロジェクト、プログラム[10]、政策、およびその計画、実施、結果の、体系的かつ客観的な査定。その目的は、目標の妥当性および達成度、開発の効率性、有効性、インパクト、持続性を判断することにある。……評価はまた、活動、政策、プログラムの価値や意義を判定するプロセスでもある[11]。

（OECD, 2010）

ここで評価の目的とされている妥当性、効率性、有効性、インパクト、持続性はDAC評価５項目である。したがって、DACのプロジェクト評価の定義は、プロジェクトの計画、実施、結果を評価５項目の視点から明らかにし、プロジェクトを価値づけること、ということになる。評価５項目には目標達成度などの比較の視点がふくまれているので、DACのプロジェクト評価の定義は、比較と価値判断がともにふくまれた定義になっている。

ところで、先に確認したとおり、評価は比較である。だが、比較といっても比較の対象はさまざまにある。では、プロジェクト評価の場合、何と何を比較すればプロジェクトが生み出した効果を適切に評価できるのだろう？

基本はプロジェクトを実施した場合と実施しなかった場合の比較である。実施した場合の状況をしなかった場合の状況と比較するのだから、純

10　個別のプロジェクトでは達成できない、より高次の目標を達成するために、複数のプロジェクトを有機的に組み合わせ、統合的に実施する事業。政策学では、政策体系を、ポリシー（政策）・プログラム（施策）・プロジェクト（事業）という３つのＰからなる階層構造としてとらえる。同様に、民間企業では、事業戦略を、ポートフォリオ・プログラム・プロジェクトの３つのＰからなる階層構造としてとらえる。

11　“The systematic and objective assessment of an on-going or completed project, programme or policy, its design, implementation and results. The aim is to determine the relevance and fulfillment of objectives, development efficiency, effectiveness, impact and sustainability. …Evaluation also refers to the process of determining the worth or significance of an activity, policy or program,” (OECD, 2010, pp. 21-22).

粋なプロジェクト効果を評価することができる。これを「with the project と without the project」の比較という。

しかし、実施した場合としなかった場合の比較は難しい。なぜなら、現実にはすでに実施してしまっていて、実施しなかった場合の状況はこの世に存在しないから。そのため、with/without の比較によるプロジェクト評価は、実施しなかった場合の状況を理論的に仮想しておこなう。そのためにはデータと評価テクニックが必要となり、いずれにしても簡単ではない[12]。

そこで次善の策として、プロジェクトの実施前と実施後の比較をおこなう。プロジェクトを実施したことによって状況が改善しているはずだから、どれだけ良くなったかは、実施前と実施後の状況を比べればよい。これを「before the project と after the project」の比較と呼ぶ[13]。

また、開発援助プロジェクトや公共事業で多くおこなわれているのは、「計画と実績（現状）」の比較である。計画したことがどれだけ達成されたかを見るのである。

プロジェクト評価の基本は with/without の比較だが、それは難しいので、次善の策として before/after の比較をおこなうといった。これはいいかえると、with/without の比較が最も評価の精度が高く、before/after の精度はそれより劣る、ということである。

図 1.1 を見てもらいたい。グラフの Start がプロジェクト開始時点、End がプロジェクト終了時点、水平軸より上が良い状況、下が悪い状況、そして点線がプロジェクトを実施しなかった場合（without）の状況の変化を表

12　プロジェクト実施前のデータをもちいて回帰分析をおこない、プロジェクト実施前の状況がそのまま続くとどうなっていたかを仮想する方法（図 1.1、1.2 の点線）や、プロジェクト対象地域と非常によく似た、ただしプロジェクトがおこなわれていない地域と比較をする方法（第４章 4.1.2 の貿易振興センターの例）などがある。詳細をお知りになりたい方には、『政策評価の理論と技法』（龍慶昭・佐々木亮、2000 年、多賀出版）をお勧めする。

13　with/without や before/after の手法をもちいてプロジェクトの純粋な改善効果を抽出しておこなう評価を「インパクト評価」と呼ぶ。DAC 評価５項目のインパクトとは概念が異なるので注意が必要である。

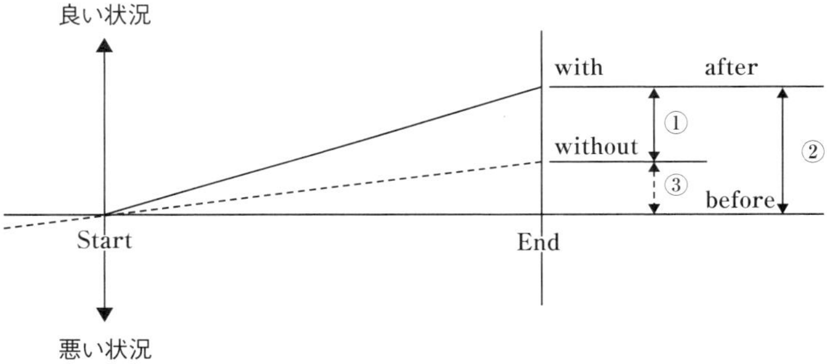

図 1.1　with/without と before/after の違い（without でも良くなる場合）

している。つまり、プロジェクトを実施しなくても、状況が少しずつ良くなっている場合である。

たとえば、多くの開発途上国において、乳幼児死亡率は自国の努力により少しずつ低下している、すなわち状況は少しずつだが改善されている。だが、もっと大きく改善したい。そこで、先進国の支援を受けて国際協力プロジェクトを実施したとする。その結果、プロジェクトによって with の状態まで状況は改善された。この場合、プロジェクトを実施したことによって生じた改善効果は、with/without の差①である。しかし、before/after の比較で評価をすると、Start 時点の状態が before であり、End 時点の状態が after だから、プロジェクト効果は②となり、プロジェクトを実施しなくても良くなっていた効果③がプロジェクト効果にふくまれてしまう。つまり、プロジェクトを実施しなくても状況が良くなる場合、before/after の評価は過大評価になる。

念のために、プロジェクトを実施しないと状況が悪くなる場合についても見ておく。図 1.2 を見てもらいたい。たとえば、建物、道路、橋梁などといった施設や、生産機械や試験機器などといった設備の資産価値[14]は経年劣化によって年々減少していく。そこで、補修・改善プロジェクトを実施

14　ここでの「資産価値」は、民間企業の資産であればその収益獲得能力、公的資産であればその社会的便益産出能力を指す。

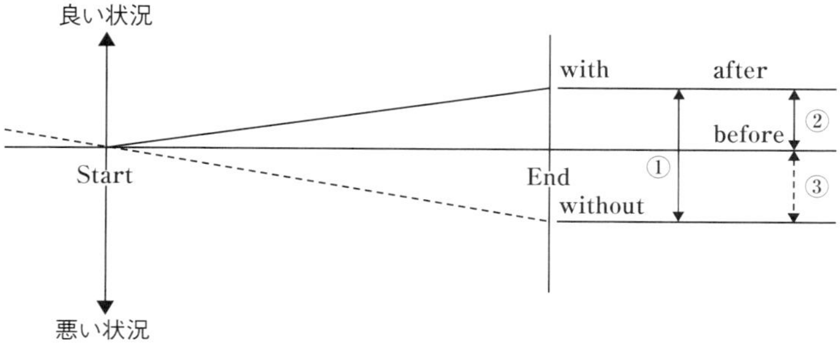

図1.2　with/without と before/after の違い（without で悪くなる場合）

し、with の状態まで資産価値を引き上げたとする。この場合、プロジェクトを実施したことによって生じた改善効果は with/without の差①である。しかし、before/after の比較で評価をおこなうと、プロジェクト効果は②となり、③がプロジェクト効果から漏れ落ちる。したがって、プロジェクトを実施しないと状況が悪くなる場合、before/after の評価は過少評価になる。

以上が、プロジェクト評価の基本は with/without の比較だが、それは難しいので、次善の策として before/after の比較をおこなうということ、with/without の比較による評価が最も評価の精度が高く、before/after の精度はそれに次ぐ、ということの意味である。

では、計画と実績の比較はどう考えればよいのだろう？　実は、計画と実績の比較は、with/without や before/after の比較とは意味が異なる。with/without や before/after の比較が、外的要因を排除し、純粋で客観的なプロジェクト効果を抽出するための比較であるのに対して、計画と実績の比較は、そのようにして抽出されたプロジェクト効果（実績）が、あらかじめ設定した目標値（計画）にどれだけ接近しているかを確認するための比較なのである。したがって、with/without や before/after の比較と計画 / 実績の比較は、目的が異なるし、おこなうタイミングも異なる。

本書で紹介するプロジェクト評価も、まず with/without や before/after の比較によってプロジェクト効果を抽出し、次いで、そのようにして抽出したプロジェクト効果（実績）をあらかじめ設定した目標値（計画）と比較することによってプロジェクトの評価をおこなう、という手順になっている。[15]

15　with/without や before/after の比較によってプロジェクトの効果を抽出し、それをもって評価完了としてはいけないのだろうか？　なぜ、それをさらに計画と比較しなければいけないのだろう？　そもそも計画は未来の予測である。どんなに合理的・科学的な手段をもちいて計画しても、それは予想だ。そして、人間の合理性は限定的である（H. サイモン）。したがって、計画値（目標値）はいわば恣意的な値である。with/without や before/after の比較によって可能なかぎり純粋な効果を抽出し、それを恣意性の高い目標値と比較して、目標達成度が高いとか低いとか評価をする。これは合理的なのだろうか？　けれども、ここから先は本書の範囲をこえた別の話。いつかまた別のときに話すことにしよう。

第2章

プロジェクト評価の実践

第2章　プロジェクト評価の実践

2.1　評価の目的

開発援助プロジェクトをふくむ公共事業の評価には、「プロジェクトの質の向上」と「説明責任の確保」というふたつの目的がある。

プロジェクトの質の向上

プロジェクトの質の向上とは、プロジェクトの経験から学び、対象プロジェクトおよび今後のプロジェクトの質の向上に役立てる、ということである。図 2.1 はプロジェクトの立ち上げ前から終結後をふくめたプロセス図である。いわゆるプロジェクトは中央の PDCA サイクル[16]であり、プロジェクトによって成果と経験という2種類のアウトプットが生み出される。

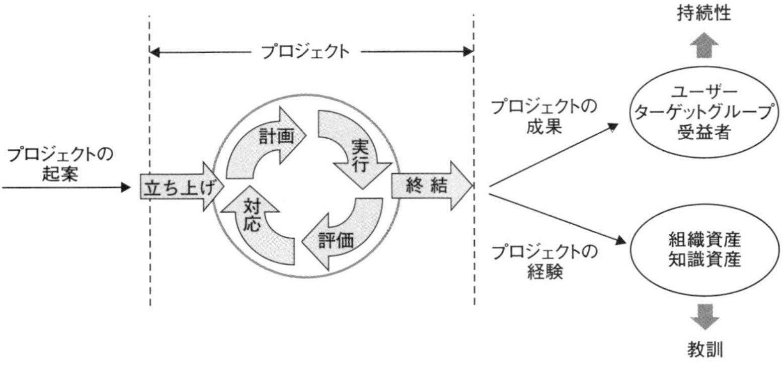

図 2.1　プロジェクト・プロセス図

（PMI, 2017 より筆者作成）

16 Plan（計画）、Do（実行）、Check（評価）、Act（対応）からなる事業サイクルで、頭文字をとって PDCA サイクルと呼ばれる。立ち上げ－PDCA－終結からなるプロジェクトマネジメント・プロセスの詳細については、『グローバル人材に贈るプロジェクトマネジメント』（2013 年）を参照願いたい。

プロジェクトの成果は、そもそもそれを生み出すためにプロジェクトが実施されたところのものであり、デリバラブル（deliverable）とも呼ばれる。成果には、有形のもの以外に、業務システムや組織体制、制度、技術力やマネジメント力といった無形のものもふくまれる。成果は、プロジェクト終了時にユーザーの手にわたり、プロジェクト終了後もユーザーによって使われ続ける。これは後述するプロジェクトの「持続性」（第4章参照）である。

もうひとつのアウトプットであるプロジェクトの経験は、プロジェクト実施中に作成されたさまざまな報告書類や、プロジェクトを通して得た学びを文書などにして残した形式知と、プロジェクトを経験した人間の暗黙知である。これらは後述するプロジェクトの「教訓」（第6章参照）であり、将来に実施されるであろうプロジェクトの質の向上のために活用される。図2.1に見るとおり、プロジェクトの学びすなわち教訓は、プロジェクト実施機関の組織資産すなわち知識資産として蓄積され活用される[17]。

説明責任の確保

もうひとつのプロジェクト評価の目的である説明責任の確保は、資金提供者や支援者などの関係者に対して、彼らの資金や支援がどのように活用され、どのような成果を生んだかを明らかにし、それを開示することである。資金は、公共事業であれば国民の税金、NGO事業であれば会員の会費や支援者の寄付金、民間事業であれば株主の投資などである。したがって、プロジェクトは国民、会員、支援者、株主等に対して報告義務を負っており、評価を通してその責任を果たすことになる。

17　知識を形あるものとして残し、蓄積し、再利用するのはそう簡単ではない。多くの組織が、過去の経験をいかせず、同じ間違いを繰り返している。この知識の創造・共有・活用に関する理論と実践はナレッジマネジメントと呼ばれ、独立したマネジメント分野を形成している。プロジェクトから得られた教訓の蓄積と活用にはナレッジマネジメントが必要だから、プロジェクトマネジメントとナレッジマネジメントは一体的に実行されなければならない。しかし、それが実現できている組織や企業は多くない。けれどもここから先は本書の範囲をこえた別の話。いつかまた別のときに話すことにしよう。

2.2　何を評価するのか

プロジェクトを評価するといっても、プロジェクトにはさまざまな側面がある。プロジェクトを実施したこと自体は良かったのか、計画は適切だったか、目標は達成できたか、安く達成できたか、成果はプロジェクト終了後も使われているかなどなど。そこで、これらの多様な側面を漏れなく無駄なく評価するために考えられたのが、OECDのDACが定めたDAC評価５項目、すなわちプロジェクト評価の５つの視点である。

この５つの視点が定められる以前は、どこを見てプロジェクトを評価するかは評価者にまかされていた。すると、Aという評価者は、プロジェクトのAという面を見て、このプロジェクトを高く評価する。Bという評価者は、Bという面を見て、同じプロジェクトを低く評価するということが起こりかねなかった（図2.2）。

さすがにこれではまずいということで、誰もが同じ視点からプロジェクトを見ることにしたのが、妥当性・有効性・効率性・インパクト・持続性のDAC評価５項目である（図2.3）。先に見たとおり、評価は価値判断である。したがって、評価は最後には主観的な判断になる。しかし、そうであっても、見るべき視点を定めることによって、評価者による評価のぶれをできるだけ小さく抑えよう、ということである。評価５項目については第４章で詳述する。

図2.2　任意の視点からの評価

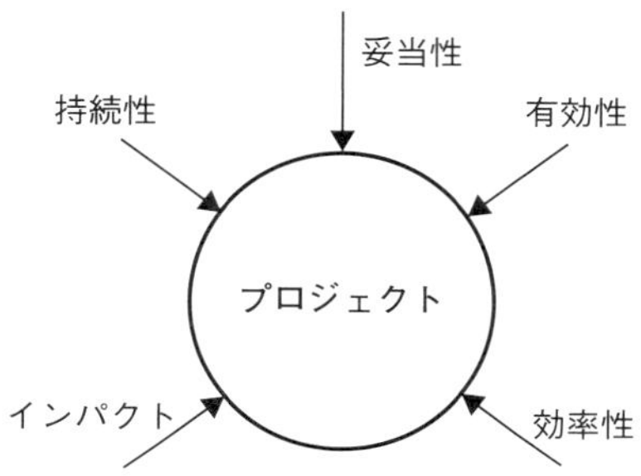

図 2.3　DAC 評価 5 項目の視点からの評価

2.3　誰が評価するのか

評価は、中立性を担保するために、基本的には第三者がおこなう。企業の外部監査がその典型である。外部監査は監査法人という第三者機関からやってきた監査人がおこなう[18]。プロジェクト評価に関しても同様で、説明責任という観点からは、評価の独立性・中立性が重視され、そのためには外部者評価（第三者評価）が望ましい。

一方、プロジェクトの質の向上という観点からは、学びの抽出、評価結果のフィードバック、改善の実行などを考えると、プロジェクトに直接かかわった者が評価をおこなう内部者評価が望ましい。「実用重視評価」の提唱者である M. Q. パットンは、評価結果が使われなければ評価をした意味はなく、使われるためには事業実施者を評価にふくめるべきだと主張している。

上で、プロジェクト評価の目的は説明責任の確保とプロジェクトの質の向上のふたつであり、説明責任には外部者評価、質の向上には内部者評価という相反する方法が求められると説明した。ということは、このふたつ

18　一定程度の規模を有する組織の多くは組織内に監査部門や監査人をおいている。彼らがおこなう監査は内部監査と呼ばれるが、内部監査であっても独立性は確保されなければならない。そのため、通常、監査部門と他部門との人事交流はおこなわれないし、監査人はその組織の役員ではない。内部監査が「内部といえども外部」といわれるゆえんである。それゆえ、評価に自己評価はありうるが、監査に自己監査はありえない。

の目的は相反するものということになる[19]。事業評価においてしばしば内部者である案件担当者と外部者である評価者の見解に齟齬が生じるのはそのためだろう。だが、両者を二律背反的に考えるべきではないと筆者は考える。説明責任は資金の使い方の説明だけではない。いかにプロジェクトの質の向上がはかられたかについても説明する責任がある。つまり、過去のプロジェクトの経験から得た学びをいかして現在のプロジェクトの質を向上させることによって、出資者が納得できるプロジェクトができる、すなわち説明責任を果たせる、と考えるべきである。つまり、質の向上は説明責任の前提なのである。そうであれば、二者の両立を目指すべきだ。

そうすると、内部者と外部者がともに評価をするべきだということなる。一方、農業プロジェクトには農業の、医療プロジェクトには医療の、教育プロジェクトには教育のといった専門性が評価においても求められる。これらのことから、評価は評価専門家が単独でおこなうべきではなく、内部者や対象分野の専門家もふくめた評価チームがおこなうべきだ、ということになる。なお、プロジェクトによっては、住民などの受益者をふくむ幅広い利害関係者が参加する参加型評価[20]をおこなうこともある。

2.4 いつ評価するのか

プロジェクト評価は、それをおこなう時期によって、事前評価、中間評価、終了時評価、事後評価の4種にわけられる（図 2.4)。

---

19 改善と説明責任はトレードオフの関係にあるために両者を同時に追求することはできない（Lonsdale and Bemelmans-Videc, 2007)、との指摘もある。

20 参加型評価の定義に定まったものはないが、大きくわけて評価の実用性を重視した実用的参加型評価（practical participatory evaluation）と現状の変革を重視した変革的参加型評価（transformative participatory evaluation）のふたつがある。前者の代表例としては M. Q. パットンの実用重視評価が、後者の代表例としては D. M. フェッターマンのエンパワメント評価があげられる。つまり、歴史的出自や背景思想が大きく異なっているにもかかわらず、方法論として住民参加のかたちをとるものを総称して参加型評価と呼んでいるのである。そのため、第7章で紹介する「第4世代評価」も、従来の評価とは大きく異なるパラダイムに立っているにもかかわらず、参加型評価に分類されることがあり、筆者は違和感を覚える。けれどもこれは別の話。いつかまた別のときに話すことにしよう。

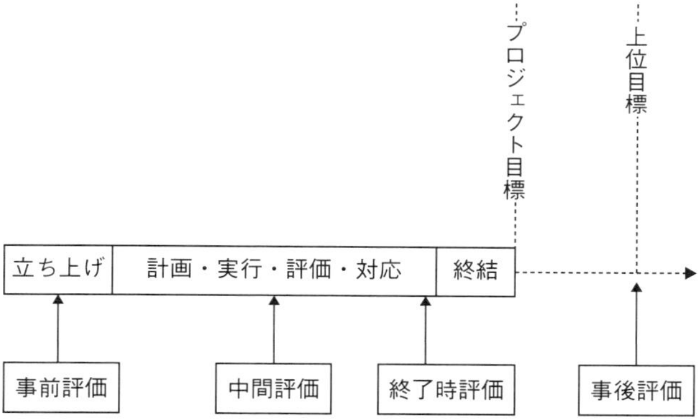

図 2.4　評価の時期

事前評価（ex-ante evaluation）は、プロジェクト実施前におこなわれる評価で、プロジェクトによって対処すべき課題の内容や周辺状況を調査し、それにもとづいてプロジェクトの必要性を確認し、おおよその計画を立案し、その計画内容を目標達成や効率的実施の可能性などの観点から自己評価する。そして、その評価結果にもとづいて、プロジェクトを実施するか否かを決定する。

中間評価（mid-term evaluation）は、プロジェクト実施期間の中間時点でおこなわれる評価で、中間時点までのプロジェクトの実施状況および成果の発現状況を確認し、中間時以降のプロジェクトのより良い実施のための提案(提言)を提示する。その結果にもとづいて、必要に応じてプロジェクト計画や実施体制の見直しをおこなう。

終了時評価（terminal evaluation）は、プロジェクト終了時点でおこなわれる評価で、プロジェクト全期間を通じて生み出された成果と、それによるプロジェクト目標の達成度を確認する。また、成果やプロジェクト目標といったプロジェクトが生み出した便益のプロジェクト終了後の持続性について見通しをたてる。その結果にもとづいて、プロジェクトを予定どおりに終了するか延長するか、延長するのであれば、どういう形でどれくらいの期間延長するのかを提案する。

事後評価（ex-post evaluation）は、プロジェクト終了後、一定期間を経たのちにおこなわれる評価。その時点ではすでにプロジェクトは存在しないが、プロジェクトによってもたらされた便益の持続状況や、プロジェクトの時間的・地域的な影響の広がり（インパクト）を確認する。その結果は、実施機関のプロジェクト実施方針などの、より長期的で広範な視野に立った計画や方針の立案に役立てられる。

2.5 評価の手順

計画と実績の比較によるプロジェクト評価は、以下の手順でおこなう。

1. 計画内容を確認する
2. 評価設問を準備する
3. 情報を収集・分析する
4. 評価し、提言・教訓を抽出する
5. 評価結果を関係者にフィードバックする

計画と実績の比較なので、計画を確認し（1）、実績を確認し（2, 3）、計画と実績を比較して評価し（4）、評価結果をフィードバックする（5）という流れになる。

計画があいまいだったり不明点が多かったりしたら、実績との比較ができないので、まず計画内容を確認し（1）、あいまいな点、不明な点を可能なかぎり明確にする。

計画が明確になったら、次に、その比較対象となる実績を確認する。この作業は、評価設問の準備（2）と情報の収集・分析（3）のふたつからなる。まず、漏れなく偏りなく実績を確認するために、DAC評価5項目の視点から見た実績の確認事項を準備する。妥当性の視点から見た実績を確認するには何を確認すればよいか、有効性の視点から見た実績を確認するには何を確認すればよいか、といった具合に、5項目ごとに確認事項を洗い出していくのである。これが評価設問の準備（2）である。

評価設問はそのまま調査項目になるので、次に、実際に調査をおこない、評価設問ごとの実績の情報を収集し分析する（3)。ここでいう分析は、収集した情報に関して、なぜそういう結果になったのかという理由を分析することである。ただ現状を確認しただけでは十分ではない。なぜそういう現状になったのかという理由にまで踏み込まなければ、評価とはいえない。

これで5項目ごとの実績確認ができたので、その情報をもちいて計画と実績を比較して評価すなわち価値判断をおこない（4)、評価結果をもとに提言と教訓を抽出し、それらを評価報告書にまとめる。そして最後に、評価結果を、それを使う立場にある関係者にフィードバックする（5)。

次章以下で、これら5つの作業をひとつひとつ解説する。

第3章

計画内容の確認

第3章　計画内容の確認

通常、プロジェクト計画は、階層化された目標とそれを達成するための活動と投入から構成される。各構成要素は、プロジェクト標準やプロジェクト実施機関によって微妙に異なる名称で呼ばれているが、本書では図3.1にしめす呼称をもちいることとする。

プロジェクトの計画は、「投入」をもちいて「活動」をおこなって「成果」を産出し、成果によって「プロジェクト目標」や「上位目標」といったより高次の効果が引き起こされるという構成になっている（図3.1）[21]。「成果」はプロジェクトが活動をおこなうことによって直接うみだす製品や財やサービスで[22]、「プロジェクト目標」は成果によってプロジェクト終了時までに引き起こされる効果、「上位目標」はプロジェクト終了後、プロジェクト目標が達成されたことによって引き起こされるさらなる波及効果である[23]。

計画内容の確認は以下の3点を確認する。

・計画文書の文言
・計画の論理構成
・プロジェクト実施中の計画変更

21　これを「ロジック・モデル」と呼び、その原因-結果の因果関係の妥当性を評価することを「セオリー評価」と呼ぶ。ただし本書では、計画の因果関係の妥当性については評価の結論でのべることとしており（第6章6.4）、セオリー評価を評価作業のひとつの独立したプロセスとしては位置づけていない。

22　第2章2.1で「デリバラブル」と呼んで紹介したものである。

23　英語では、プロジェクトが直接うみだす財やサービスをアウトプット（output）、それによって引き起こされるさらなる効果をアウトカム（outcome）と呼ぶ（図3.1）。外務省、国際協力機構（JICA）、国際協力銀行（JBIC）、日本評価学会が共同で翻訳した「DAC評価基本用語集日本語版」（2003年）は、アウトプットを「産出物」、アウトカムを「成果」と訳した。そのため、それまでアウトプットを成果と訳していた機関は訳語を変更するなど、一時混乱が生じたことがあった。ややこしくて恐縮だが、本書では計画編のテキスト『グローバル人材に贈るプロジェクトマネジメント』（2013年）に整合させて、アウトプットを「成果」と呼ぶ。

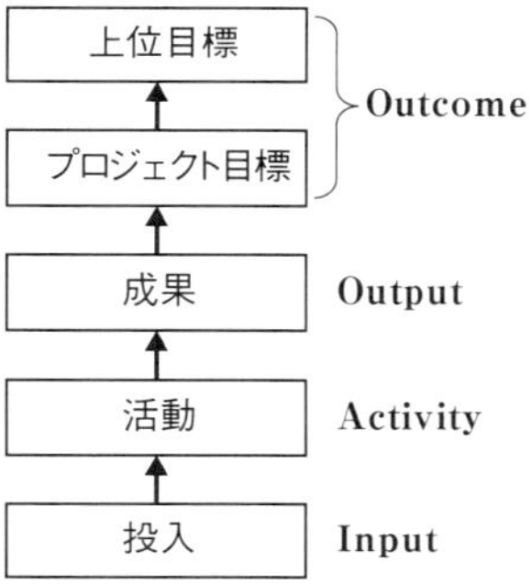

図3.1　プロジェクト計画の構成

文言の確認

文言の確認とは、計画文書に書かれている上位目標、プロジェクト目標、成果、活動、リスク（外部条件[24]）などの文意がすべて明確かどうかの確認である。表現があいまいだったり抽象的だったりして何通りにも解釈できる文章も少なくない。また、あるべき記述が抜けていることもある。これらの不明点を洗い出し、その真意を事前に可能なかぎり明確にしておく。

文意を明確にするには、まず、進捗報告書など、ほかの文書にあたることである。文章がいいかえられたり、説明されたりしていて、そこから真意がわかることが多い。どうしてもわからなければ、プロジェクトメンバーや計画者に直接、問い合わせ、彼らの納得のうえで表現を修正すればよい。今はメールという便利なツールがあるので、問い合わせるのもさほど面倒ではない[25]。なお、文言の明確化は、あくまでもあいまいな点や不明

24　PCMでは、プロジェクトの成功のために必要だが、プロジェクトが満たすことはできず、満たされるかどうかわからない条件を「外部条件」と呼んでいる。その条件が満たされないとプロジェクトは成功しないので、外部条件はつまりプロジェクトのリスクである。

25　評価に先だってプロジェクトメンバーと情報共有しておくことは、スムーズな評価のためにも有益である。プロジェクトメンバーは評価される側の立場なので、実はけっこう緊張しているし警戒もしている。事前にコミュニケーションをとり、ある程度、気心が知れた間柄になっておくことは、評価する側、される側、双方にとって有益である。

な点を明確にするのであって、文言を書き直すことによって計画内容を修正するのではない、ということを強調しておきたい。

論理構成の確認

計画の論理構成の確認とは、どういう活動をおこなって、どういう成果を生み出し、それによってどのようなプロジェクト目標や上位目標を達成しようとしたのか、その際にどのようなリスクが予想されたのか、といった計画の論理的な組み立てを確認することである。

文言の確認とも重なるが、成果やプロジェクト目標といった異なるレベルの目標に同じ内容が書かれていたり、複数の成果をたんにまとめていいかえただけのものがプロジェクト目標になっていたりすることがある。文章は違うが、いっていることは同じということである。逆に、相矛盾したり、相互に結びつかない成果や目標がかかげられていることもある。いずれにしろ、評価者が疑問に思う点は、文言の確認と同様、ほかの文書にあたったり、プロジェクトメンバーに連絡をとったりして、事前にすべて明らかにしておく。

なお、文言の明確化と同様、計画の論理構成がおかしい場合も、それを評価者が評価に際して修正するのではないので、注意していただきたい。計画内容がおかしく、おかしいままに関係者がそれでプロジェクトを認識し実行してきたのであれば、おかしい計画のままに評価をおこなう。計画の論理的不整合は、成果やプロジェクト目標などさまざまなところに影響しているはずなので、それらの影響を実績として確認したうえで、そういう実績をもたらした原因として計画のおかしさを評価でとりあげるのである。なお、これは計画の論理的妥当性の話で、第6章で再度とりあげる。

計画変更の確認

プロジェクト実施中の計画変更の確認とは、プロジェクト実施中に計画が、どういう理由で、どのように変更されたかを確認することである。

先の定義のところで見たとおり、プロジェクトは前例のないものを生み出す事業である。前例のないものを生み出す試みだから先が見えない。可能なかぎり先を見越して計画を立てても、その実施途中にはさまざまな不確定要素が待ち受けている。また、プロジェクトを実施したことによって、プロジェクトを取り巻く状況も変わってくる。そのため、プロジェクト計画は、徐々に、段階を追って、練り上げ、作りこんでいくことになる。どうしてもそうなるし、そうする必要がある。これをプロジェクト計画の「段階的詳細化」という。

計画が段階的に詳細化されるということは、計画は変更されるということである。つまり、プロジェクトは、定義上、変更を前提とした事業なのだ。そしてその変更は、現場でプロジェクトを動かしているプロジェクトメンバーや実施機関の担当者によって適時・適切に提案され、実施機関によって承認される必要がある。つまり、変更は管理されなければならないのである。したがって、評価では、変更管理が適切になされたかどうかも評価の対象になる。そのために、いつ、どういう理由で、どういう計画変更がなされたかを、計画内容の確認の一環として確認しておくのである。

以上３点を確認し、上記のとおり、広く文書にあたったり、プロジェクトメンバーに連絡をとったりして、可能なかぎりあいまいな点や不明な点を明確にする。そして、評価に先立って、これをプロジェクト関係者と共有する。明確にしたその計画と実績を比較して評価をおこなうので、当然、評価する側もされる側も、関係者はすべてこの計画を評価の基準として納得している必要がある。

第4章

評価設問の準備

第4章　評価設問の準備

計画内容を確認したら、次に実績を確認する。実績の確認とは、プロジェクトの実施によって状況がどう変化したかの確認なので、つまり現状調査である。現状調査にあたっては、DAC 評価 5 項目の視点から現状を見る。そのために、評価 5 項目ごとに、現状の何を見るかを考え、それを質問形式で準備するのである。たとえば、有効性を確認するために、「プロジェクト目標は達成できたか？」を確認する、といった具合に。これらの質問は評価設問（Evaluation Question）[26]と呼ばれる。評価設問というと仰々しいが、上で見たとおり、要するに調査項目である。

4.1　DAC 評価 5 項目

以下に、DAC 評価 5 項目ひとつひとつについて、その概念と評価設問を解説する。なお、以下の解説は、DAC の解説にもとづいているが、DAC の直訳ではない。参考までにもとになった DAC の定義を脚注にあげておく。評価設問の例は、稲の新栽培方法（年複数作、適時収穫など）の導入が活動、農民によるその方法の実践が成果、米の増産がプロジェクト目標、米の増産による農家収入の向上が上位目標という計画の稲作プロジェクトを例とする（図 4.1）。

26　評価設問は、学術論文における研究課題（Research Question）に相当する。学術論文では、リサーチ・クエスチョンを設定し、調査や実験をおこなうことによってそれらの答えを見出し、その答えから現実を解釈する新たな理論を構築する。評価設問（Evaluation Question）は、おそらくリサーチ・クエスチョンから派生した用語であろうと思われる。

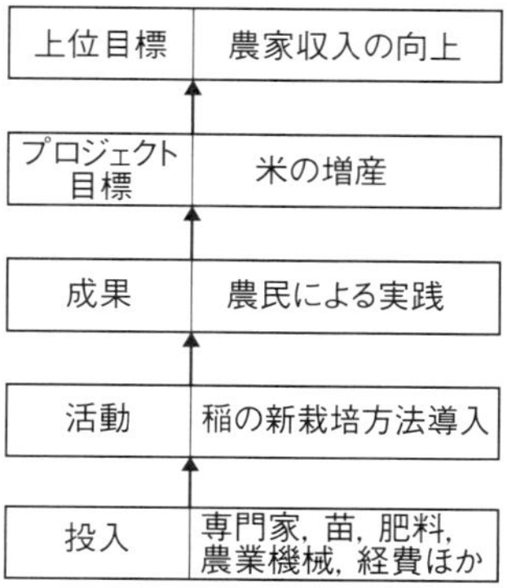

図 4.1　稲作プロジェクト

4.1.1　妥当性

妥当性（Relevance）は「プロジェクト目標および上位目標は、ターゲットグループ[27]や政府のニーズ、優先度と合致しているか」を確認する項目である。その評価にあたっては以下を確認する。

(1) プロジェクト目標および上位目標は今でも妥当か。

(2) プロジェクトの活動と成果はプロジェクト目標や上位目標と整合しているか。

(3) プロジェクトの活動と成果は意図したインパクトや効果と整合しているか[28]。

27　プロジェクトの実施により正の効果をもたらすことを意図する主たる関係者のこと。プロジェクトはそのグループのために実施される。

28　The extent to which the aid activity is suited to the priorities and policies of the target group, recipient and donor. In evaluating the relevance of a programme or a project, it is useful to consider the following questions:

(1) To what extent are the objectives of the programme still valid?

(2) Are the activities and outputs of the programme consistent with the overall goal and the attainment of its objectives?

(3) Are the activities and outputs of the programme consistent with the intended impacts and effects?

（OECD ウェブサイト 2019 年 8 月閲覧）

「ニーズ」に合致しているかだから、妥当性は、ひとことでいえば、「必要とされるプロジェクトか」を確認する項目である。

必要かといった場合、誰が必要としているかを明確にする必要がある。開発援助プロジェクトの場合は以下の３者の必要に合致していたかどうかを確認する。

・ターゲットグループや地域社会のニーズ
・被援助国の政策
・援助する側（政府、援助機関、NGO 等）の政策や方針

ターゲットグループや地域社会のニーズは、Ａ国Ｂ地域の農民は米の増産による収入向上を必要としていたかとか、Ｃ国Ｄ県の県民はマラリア予防対策の強化を必要としていたかといった、プロジェクト計画で特定されたターゲットグループや地域住民のニーズである。政策は国にとってのニーズである。被援助国、すなわち援助を受ける側の国の政策は、農業開発５カ年計画、保健衛生改善計画などといった形で、分野ごとの開発目標とそれを達成するための方針や計画として定められている。援助をする側にも、援助をする必要がある。それは外交方針や経済政策、機関や団体の援助の方針や計画であり、対Ａ国援助方針や対Ａ国援助計画などといった形で存在している。妥当性は、プロジェクトが目指した高いレベルの目標がこれらのニーズに合致していれば高い、合致していなければ低いと評価する。

妥当性で注意が必要なのは、評価時点の妥当性を見るということである。DAC の定義の (1) はそのことをいっている。通常、プロジェクト計画時の妥当性は高い。はじめから必要性の低いプロジェクトを実施することはまれだ。ところが、３年、５年とプロジェクトをおこなっていると、その間にプロジェクトを取り巻く状況が変わり、評価するころには必要性の低いプロジェクトになっていることがある。

昔、北アフリカのある国で、日本政府が路面電車の支援プロジェクトをおこなっていたところ、同じ地域に他のドナーが地下鉄を作ってしまい、評価時における路面電車のニーズが低下したという話を聞いたことがあ

る。また、2005年1月27日の朝日新聞の記事だが、日本政府がケニアの野菜冷凍保管施設に20億円を融資したのだが、完成前に民間業者が同じような施設を作ったために、日本が支援した施設は使われず、プロジェクトの総合評価が最低評価になった案件があった（図4.2）。プロジェクト実施中に周辺の状況が変わり、プロジェクト開始当初は高かった妥当性が、評価時点において低くなった例である。

このような場合、評価は、「計画当初は高かったが、これこれの理由から、評価時における妥当性は低い」、という評価になる。評価者としては、もう一歩踏み込んで、プロジェクトはその理由を事前に察知できなかったのか、その理由が起こってきたときに、プロジェクトはみずからの存在価値を維持するために何らかの手立てを立てたのか、立てたとしたらその効果はあったか、立てなかったとしたらそれはなぜか、といったところまで調査・分析することが求められる。

妥当性についてもう1点注意が必要なのは、妥当性に「計画の妥当性」

円借款 4段階格付け

国際協力銀行 03年度、2件「不可」

政府の途上国援助（ODA）のうち円借款の窓口となっている国際協力銀行（JBIC）は、実施済みの事業を「優」「良」「可」「不可」の4段階で評価する制度を導入した。03年度に実施した初回の評価では、52件のうちケニアの野菜冷凍施設とインドの水力発電に関する融資の2件が「不可」となった。27日に報告書が発表される。

JBICは個々の事業について、①妥当性②有効性③効率性④持続性の4部門で点数をつけ、最後に総合評価を「非常に満足（優）」「満足（良）」「おおむね満足（可）」「不満足（不可）」の四つのランクに分けて出す。

「不可」となった案件に関しては円借款の相手国に改善を求める。また、JBICとしても、結果を今後の融資に向けての反省材料に生かす方針だ。

JBICは01年度から融資したすべての事業を対象に事後評価を導入している。これまでは報告書には専門家の詳しいコメントを掲載してきたが、「誰の目にも結果が分かる形式」（JBIC幹部）として4段階のランク付けを導入することにした。

03年度の評価に関する報告書で対象となった52件のうち「優」は20件、「良」は20件、「可」は10件だった。

2件の「不可」のうち、ケニアの「園芸作物処理施設建設事業」では、野菜の冷凍保管施設に20億円を融資した。だが、完成前に民間業者が同じような施設を作り、事業の有効性が失われたという。

もう1件のインドの「用水路水力発電事業」では16億円が投じられたが、事業主体のビハール州政府が自己資金分の調達に手間取ったことから、計画が大幅に遅れた。用水路の水量不足で発電量が計画の3割にとどまっている。

JBICは「格付けは世界銀行やアジア開発銀行など国際援助機関の大半が採用している。外部の意見を聞き、向上させていきたい」（幹部）としている。　（野嶋剛）

キーワード　国際協力銀行（JBIC）　日本政府が開発途上国に長期、低利で円資金（円借款）を供与する際、窓口となる。99年10月に日本輸出入銀行と海外経済協力基金が統合して設立された。03年度の円借款承諾額は5877億円。

図4.2 「円借款 4段階格付け」2005年1月27日朝日新聞朝刊

をふくむかどうかである。DACの定義の(2)と(3)は、プロジェクトの活動および成果と目標の整合性を問うていて、ともに計画の妥当性をいっている。この地域でこのプロジェクトを実施することは妥当だったか、ターゲットグループの選択は妥当だったか、計画内容は論理的で無理のない計画だったか、プロジェクトを支援するだけの技術的優位性が援助側にあったか、といったことも計画の妥当性にふくまれる。

このように、DACは計画の妥当性を評価5項目の妥当性にふくめている。しかし、DAC評価5項目を日本に導入・普及したFASID（一般財団法人国際開発機構）は、計画の妥当性を評価5項目の妥当性にふくめず、評価の「結論」で言及するよう指導している。見解の相違があるわけだが、筆者はこの点に関してはFASIDの見解が適切だと考えている。これについては、5項目すべてを見たあとに、「結論」（第6章6.4）で解説する。

以上をふまえて準備される妥当性の評価設問は、具体的には以下のようになる。

1) プロジェクトが目指したA国B地域における米の増産による農民の収入向上は、B地域の農民のニーズに合致していたか。（ターゲットグループや地域社会のニーズ）
2) プロジェクトが目指したA国B地域における米の増産による農民の収入向上は、「A国農業開発5カ年計画（2015年～2020年）」が目指す農業開発政策に合致していたか。（被援助国の政策）
3) プロジェクトが目指したA国B地域における米の増産による農民の収入向上は、日本の「対A国援助方針（2013年4月）」に合致していたか。（援助国の政策）
4) A国B地域において米の増産によって農民の収入向上をはかったことは適切だったか。（計画の妥当性[29]）

29 計画の妥当性を妥当性にふくめないのであれば、この評価設問は不要。

4.1.2　有効性

有効性（Effectiveness）は「プロジェクト目標はどの程度達成したか」を確認する項目である。その評価にあたっては以下を確認する。

（1）プロジェクト目標はどの程度達成されたか／達成される見込みか。

（2）プロジェクト目標の達成あるいは未達成に影響したおもな要因は何か。[30]

ひとことでいえば、有効性は「プロジェクト目標達成度」を確認する項目である。ただし、それがプロジェクトによる達成であることを検証しなくてはならない。プロジェクト以外の要因によって達成された可能性もあるからである。

昔、アジアのある国で、貿易振興センターの機能強化をはかるプロジェクトを日本政府が支援したことがあった。数年後のプロジェクト終了時に評価をおこなったところ、その国全体の貿易額が飛躍的に伸びていた。プロジェクト目標は達成された。だが、それは本当にこのプロジェクトによるものだったのだろうか？　調べてみると、貿易額が伸びたのは、その国だけでなく、日本政府が支援をおこなっていない周辺国でも一様に伸びていた。[31] プロジェクトを実施した国でも、実施していない国でも同じ変化が起きていたのである。すなわち、with the project と without the project で差はなかったということで、目標達成は本プロジェクトによるものとはいえない、という評価結果になった。

このように、第1章で解説したとおり、まず with/without や before/

30　A measure of the extent to which an aid activity attains its objectives. In evaluating the effectiveness of a programme or a project, it is useful to consider the following questions:
（1）To what extent were the objectives achieved/ are likely to be achieved?
（2）What were the major factors influencing the achievement or non-achievement of the objectives?
（OECD ウェブサイト 2019年8月閲覧）

31　1980年代後半に、新興工業経済地域（NIES）やアセアン諸国が2桁の経済成長をとげたころの話である。

afterの比較によってプロジェクトの純粋な効果（実績）を抽出し、それを計画時の目標値（計画）と比較することによってプロジェクト目標達成度を評価するのが、有効性である。

有効性の評価設問は以下のようなものになる。

1) A国B地域において米は増産したか。（プロジェクト目標達成度）

2) 米の増産は、本プロジェクトが導入した新栽培方法によってもたらされたものであったか。

3) 米の生産高に影響したおもな要因は何か。

1)は実績確認の評価設問であり、2)および3)がそれがプロジェクトによる効果かどうかを検証する評価設問である。2)は、プロジェクト目標（米の増産）が成果（新栽培方法の導入）によってもたらされたかどうかの確認で、新栽培方法を導入していない地域との比較であればwith/withoutの、新栽培方法を導入する前と後の比較であればbefore/afterの比較となる。

4.1.3　効率性

効率性（Efficiency）は「プロジェクトの投入と成果の関係」を確認する項目である。成果には定量的なものと定性的なものがふくまれる。その評価にあたっては以下を確認する。

(1) プロジェクト活動は経済的だったか。

(2) プロジェクトの成果は予定どおりの時期に達成されたか。

（3）他の方法とくらべて、プロジェクトはより効率的な方法で実施されたか。[32]

ひとことでいえば、効率性は「成果／投入」である。少ない投入で大きな成果が出ていれば、効率性は高い。たとえ大きな成果が出ていても、投入が過大であれば、効率性は低い、と評価される。[33]

成果／投入だから概念はシンプルだ。だが実際の評価は難しい。文具と資料を購入してプロジェクトメンバー３人が半年かかって農民組合の会員規定をつくった。効率性は高いのか低いのか？　これは評価不可能である。まず数値換算できない。プロジェクトメンバーの労働単価や文具・資料の費用がわかったとしても、メンバー３人は半年間この仕事だけをしていたわけではないし、文具も同様である。この仕事にかかったプロジェクトメンバーと文具の時間をこまめに記録しておくという手もあるが、およ

32　Efficiency measures the outputs -- qualitative and quantitative -- in relation to the inputs. It is an economic term which signifies that the aid uses the least costly resources possible in order to achieve the desired results. This generally requires comparing alternative approaches to achieving the same outputs, to see whether the most efficient process has been adopted. When evaluating the efficiency of a programme or a project, it is useful to consider the following questions:
（1）Were activities cost-efficient?
（2）Were objectives achieved on time?
（3）Was the programme or project implemented in the most efficient way compared to alternatives?
（OECD ウェブサイト 2019 年 8 月閲覧）

33　「効率性」を汚い言葉（dirty word）だと考える人々がいる。投入と成果の比という意味での効率性はノーベル経済学賞を受賞した H. サイモンが定式化した概念だが、彼がとなえた効率性は価値自由で中立的な概念だった。投入や成果は、会社の売上や市場占有率でもありうるし、製品の品質や従業員の幸福感などでもありえた。つまり、数量化できるものとできないものがともにその対象だった。しかしその後、効率性という言葉が広まるにつれて、効率性は数量化できるもののみを対象とするようになった。そのほうが簡単だからだ。効率性は経済費用と経済価値で測るものとされ、社会的費用と社会的価値は置き去りにされた。このように考える経済学者や経営学者は効率性をダーティ・ワードだと考える（Mintzberg, 1982）。開発援助の世界でも効率性を数量化しようという動きがある。開発援助は社会的価値の増大を目指しているのだから、その効率性はもともとあるがままでサイモンの定義に即しているのだが……。けれどもこれは別の話。いつかまた別のときに話すことにしよう。

そ現実的ではない。また、かりに成果／投入が計算できたとしても、その数値を何と比較して高いとか低いとかを判断するのか。世のなかにそんな基準は存在しない。道路や滑走路なら1mあたりの建設費が計算できるだろうし、そのおおよその世間相場というものもあるだろう。したがってハードものなら数値換算すなわち金額換算できるだろうが、上記のようなソフトものは計算できないし、世間相場も存在しない。ということは、開発援助プロジェクトや公共事業の多くをしめる社会開発系プロジェクトでは数値換算による効率性の評価は不可能ということになる。そのため、仕方がないので、投入の適切性、投入の活用状況、投入と成果の主観的な比較などによって効率性の評価をおこなっている。

効率性の評価設問は以下のようになる。

1) 投入（人材・機材・経費）の質、量、タイミングは適切だったか。
2) 投入はその目的にしたがって活用されたか。
3) 達成された成果からみて、投入の規模は適切だったか。
4) より安く、より早く同様の成果が達成される方法はほかになかったか。

1)、2)、3)は、常識的に考えて、あるいは専門家の目から見て、適切だったかを判断することになる。とくに専門家の知見は重要である。評価チームに対象分野の専門家が入っていなければならないのはこのためである。4)については、過去におこなわれた類似プロジェクトと比較することも考えられる。たとえば、職業訓練プロジェクトなどの場合、自動車整備や木工など、どの国でも似たようなカリキュラムで教育訓練がおこなわれており、それを支援するプロジェクトも似たような活動をしている。そうであれば、たとえばAレベルの自動車整備工をひとり育成するのにかかった経費を、過去の同様の職業訓練プロジェクトのそれと比較するのである。

プロジェクトの予算と期間について、それぞれの計画値と実績値を比較して、予算超過や期間超過の程度をもって効率性を評価する方法もある。ここでは、計画時の予算と期間の見積もりが適切であることが前提とされている。見積もりが適切で、その見積もり内で成果が達成されたのであれば、適切な投入で適切な成果が達成されたことになる。その場合の評価判断はしやすい。しかし、予算や期間は予定内だが成果の達成が高くない、成果は達成されたが予算や期間が超過している、予算や期間が超過していてかつ成果の達成も高くないなどのケースが考えられ、これらのケースでは、予算や期間の超過の程度と成果の達成度をどういうバランスで見て評価するか、判断が難しくなる。計画値と実績値の割合が数値でしめされるので、一見、定量的評価をおこなっているように見えるが、最終的な評価判断はやはり主観的判断である。

なお、効率性は「費用便益（benefit/cost）」とは異なる。図3.1でいうと、効率性はアウトプット／投入だが、費用便益はアウトカム／投入である。道路建設プロジェクトだと、いくらで何メートルの道路ができたかが効率性だが、費用便益は、プロジェクトの投資によって、道路利用者の移動時間が何時間短縮されたか、移動費用がいくら減ったか、あるいは道路建設によって何人の雇用が創出されたか、などである。また、費用便益は金額換算できる効果を対象とするが、「費用対効果（cost performance）」は金額換算できない効果を対象とする。

4.1.4　インパクト

インパクト（Impact）は「プロジェクトがもたらした直接的・間接的、意図した・意図しなかった、正・負の影響」を確認する項目である。その評価にあたっては以下を確認する。

（1）プロジェクト実施の結果として何が起こったか。

（2）プロジェクトは受益者にどのような変化をもたらしたか。

(3) 何人の人が影響を受けたか[34]。

プロジェクトを実施すると、計画したこと以外にもさまざまなことが起こる。活動による影響はもちろん、投入しただけでも変化は起こる。インパクトの評価では、それらのなかからとくに顕著なものや意義深いものを取り上げる。

上位目標は、プロジェクト目標によってプロジェクト終了後に引き起こされる時間的・地域的波及効果であるから、インパクトのひとつ、すなわち意図した正のインパクトである。したがって上位目標の達成度はインパクトとして評価する。上位目標の達成度も、プロジェクト目標の達成度と同様、このプロジェクトによって引き起こされたものであることを検証する必要がある。

そのほかにもさまざまなインパクトがあるが、まさにさまざまにあって取りつく島がない。そこで前出のFASIDは「横断的視点」と呼んで、世の中を広く見るための6つの視点を提案している。政策、技術、自然環境、社会・文化、組織・体制、経済・財政の6つである。

政策の視点

プロジェクトによる国や地方の政策、規制、法などへの影響を見る。ODA（政府開発援助）プロジェクトの場合、プロジェクトの結果を受けて政策や規定が改訂される例はしばしば見かける。

---

34 The positive and negative changes produced by a development intervention, directly or indirectly, intended or unintended. This involves the main impacts and effects resulting from the activity on the local social, economic, environmental and other development indicators. The examination should be concerned with both intended and unintended results and must also include the positive and negative impact of external factors, such as changes in terms of trade and financial conditions. When evaluating the impact of a programme or a project, it is useful to consider the following questions:
(1) What has happened as a result of the programme or project?
(2) What real difference has the activity made to the beneficiaries?
(3) How many people have been affected?
（OECDウェブサイト 2019年8月閲覧）

技術の視点

技術の変化や伝統技術への影響を見る。農業プロジェクトで導入した耕作技術を、それを見た周辺農民がまねて取り入れるようになった例は多い。保健衛生プロジェクトの影響で伝統的治療者や産婆が駆逐されたという話を以前は聞いたが、最近はむしろ、彼らに近代医療知識を提供することによって、近代医療のなかに伝統医療を位置づけるアプローチが増えているようである。

自然環境への視点

開発援助プロジェクトでは必ず確認する。環境への影響に関しては計画段階から周到に配慮がなされ、プロジェクト終了後も相手国関係機関による環境モニタリングの継続が求められる。

社会・文化の視点

ジェンダー、権利問題、貧富の差などを見る。プロジェクトによって女性の立場の強化をはかったのはよいが、その結果、男性たちの反発をかったなどという例も聞く。伝統的な社会制度が息づいている社会では、漁業水域や耕作地などに関して、外からは見えにくい権利関係があり、注意を要する。また、プロジェクト対象地域の住民の収入向上や生活改善をはかる場合、対象地域外との貧富の差の拡大に配慮して、プロジェクトの効果を面的に拡大する仕組みをプロジェクトで作ったりもする。

組織・体制の視点

プロジェクトに関連した組織や団体などへの影響を見る。政策への影響とあいまって、組織改編などの変化はしばしば見かける。

経済・財政の視点

プロジェクト関連機関への財務的影響や地域社会への経済的影響を確認する。農民の収入向上のような経済的影響を直接意図したプロジェクトはもちろん、技術力や研究能力の向上をはかったところ、技術サービスや研究協力が増えて収益が増加したという形で経済・財政へのインパクトが起こることもある。

インパクトの評価設問は以下のようなものになる。

1）A国B地域農民の農家収入は向上したか。（上位目標達成度）
2）農家収入の向上は、米の増産の結果としてもたらされたものか。
3）プロジェクトはA国の農業政策に影響を与えたか。（政策）
4）プロジェクトによる環境への影響はあったか。（環境）
5）プロジェクトによってB地域の農民女性の労働内容・労働負荷に変化はあったか。（社会・文化）
6）プロジェクトによってB地域以外の地域に何らかの影響はあったか。（周辺地域への影響）

1)は上位目標達成度の実績確認の評価設問であり、2)はそれがプロジェクトによってもたらされたものであることを検証する設問である。検証には、設問内容によってはwith/withoutやbefore/afterの比較による確認が必要になる場合もあるが、この例のように、収入源を特定すれば検証できる場合もある。3)から5)は横断的視点から見たインパクトの確認で、6)は周辺地域への影響に関する評価設問である。

ありとあらゆる変化がインパクトになりうるし、予測できないことも多いので、調査に不安をおぼえる評価者も多いが、実は、インパクトの調査に苦労することはあまりない。なぜかわからないが、プロジェクトの実施者や受益者はインパクトの話をしたがるのだ。昔、アジアのある国で、稲作振興のために大規模水路を建設したプロジェクトがあった。調査に行くと、地域に大量の水が流れるようになったことにより、米以外の商品作物の栽培が増えた、魚の養殖をはじめる農家が増えた、親水公園が建設され周辺地域から観光客がくるようになった、水路の水を利用して消防活動が効果的・効率的になった、稲作と養殖と観光で農家の収入が増え、息子を首都の医科大学に進学させた家もある、といったインパクトの話が、こちらから質問するまでもなく次から次へとでてきた。人はインパクトの話をしたがるのである。

もちろん負の影響もある。このプロジェクトでは、農家収入が増えてほとんどの世帯がバイクや車を持つようになり、ゆいいつの公共交通機関であった乗り合いバスが廃止された[35]。また、水がなかった地域に水がくるようになると、非常に高い確率でマラリアやデング熱といった水因性の病気が発生するといわれている。負の影響が積極的に語られることはあまりないので、評価者が事前に学習し、予想をして調査にのぞむ必要がある。

4.1.5　持続性

持続性（Sustainability）は「プロジェクト終了後も、プロジェクト実施による便益が持続するか」を確認する項目である。その評価にあたっては以下を確認する。

(1) プロジェクト終了後、プロジェクト実施による便益はどの程度持続するか／したか。
(2) 持続性に影響する／したおもな要因は何か[36]。

プロジェクトが生み出した「便益」の持続であって、「プロジェクト」の持続ではないことに、まず注意をしていただきたい。第1章で見たとおり、プロジェクトは定義上かならず終わるものなのだから、プロジェクトは持続しない。プロジェクトが投入した機材、建設した施設、プロジェクトが作った組織やグループ、導入した技術や業務方法、教育訓練した人

35　需要が減ったことによる廃止なので、必ずしも負の影響とはいえない面もある。正負どちらと見るかは、現地政府や住民の意見を聞いて確認する必要がある。

36　Sustainability is concerned with measuring whether the benefits of an activity are likely to continue after donor funding has been withdrawn. Projects need to be environmentally as well as financially sustainable. When evaluating the sustainability of a programme or a project, it is useful to consider the following questions:
(1) To what extent did the benefits of a programme or project continue after donor funding ceased?
(2) What were the major factors which influenced the achievement or non-achievement of sustainability of the programme or project?
（出典：OECDウェブサイト 2019年8月閲覧）

材、そしてそれらの結果として生まれた成果やプロジェクト目標といった便益が、プロジェクトチームが解散し、プロジェクトが終わったあとも、関係機関によって引き続き持続的に維持・管理されていくか／いるかを確認するのである。したがって、持続性の評価では、多くの場合、これらを維持・管理していく立場にある関係機関の組織力を見ることになる。開発援助プロジェクトの場合、相手国の政策制度、プロジェクト実施機関の組織体制、技術力、財務力の4点を見て総合的に判断する。

持続性の評価設問は以下のようなものになる。

1) 「A国農業開発5カ年計画（2015年～2020年）」その他の農業政策は、B地域における稲作振興を今後も引き続き奨励する内容か。（政策）
2) B地域の農業協同組合の農業機械貸し出し制度は継続的に運営されているか。（制度）
3) B県農業局（相手国プロジェクト実施機関）の組織編成や所掌分担に近い将来、変更の可能性はあるか。あるとしたらどのようなものか。（組織体制）
4) B県農業局の稲作担当職員の数は十分か。同職員の平均年齢および離職率はどの程度か。（組織体制）
5) プロジェクトが組織した農民組合の会員数および活動状況は、プロジェクト終了後どのように変化しているか。（組織体制）
6) プロジェクトで訓練を受けたB県農業局職員および農業普及員は、業務遂行に必要な技術力を身につけたか。また、プロジェクト終了後も同業務を継続しているか。（技術力）
7) プロジェクトで導入した新栽培方法を学んだ農民は、プロジェクト終了後も同方法を継続して活用しているか。していないとしたら、その理由はなにか。（技術力）
8) B県農業局の稲作振興予算は十分か。同予算は増加傾向にあるか減少傾向にあるか。減少傾向にあるとしたら、その理由はなにか。（財務力）
9) プロジェクトが組織した農民組合の会費徴収状況および財務管理状

況はどのようなものか。会費徴収状況が悪化しているとしたら、その理由はなにか。(財務力)

プロジェクトの終了とともに解散していなくなるプロジェクトメンバーにとって、プロジェクト終了後の話である持続性をどのよう考えればよいのか、いまひとつ腑に落ちていないメンバーを見かけることが多い。自分たちの直接の責任である成果とプロジェクト目標を達成すれば、あとは相手国の人が自分たちで何とかしていく問題だと考えているメンバーも見かける。ここで、そもそもプロジェクトとは何かという定義に立ち返って、持続性を考えてみたい[37]。

まず、プロジェクトとは、「前例のない独自な製品や財やサービスを定められた一定期間内に創造する業務」であったことを思い出してもらいたい。そのうえで、自動車メーカーの例で考えてみる（図 4.3)。ある車種が製造ラインのうえを流れて、毎日、100 台、200 台と、流れ作業で車が製造されているとする。これは同じ種類の車を毎日作り続ける業務で、経営者はこの業務を可能なかぎり長く続けたいと思っている。この仕事は目的が独自でもなければ期間のかぎりもない。したがってこれはプロジェクトではない。こういう仕事は「定常業務」と呼ばれる。

ところがあるとき、排ガス規制の強化法案が国会を通過したとする。施行は 1 年後。こうなると、いまラインを流れている車は市場に出せなくなる。1 年以内に新しい排ガス規制に適合した新車を開発する必要がある。そこでこの会社は、エンジン部門、車体部門、電気系統部門などから人材を集めてチームを作り、新車開発にとりかかる。期限は法案が施行される 1 年後だ。これは、新車の開発という前例のない独自な目標を達成するための期間の定めのある業務である。したがってこれはプロジェクトだ。

図 4.3 を見ていただきたい。排ガス規制が強化される前は「定常業務」として毎日おなじ車を作っていた。ところが排ガス規制が強化されること

37　以下は『グローバル人材に贈るプロジェクトマネジメント』（2013 年）の再録である。

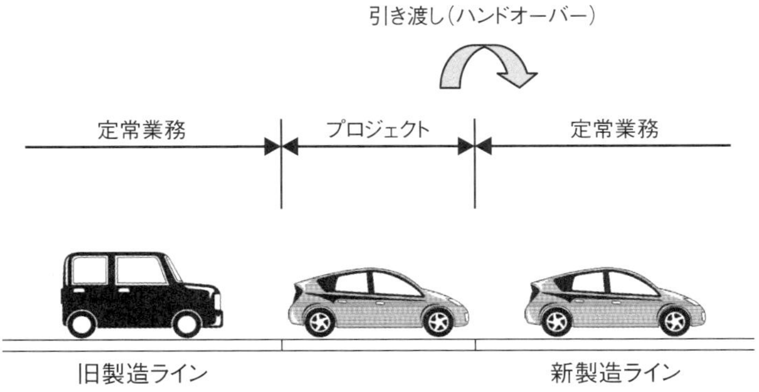

図 4.3　プロジェクトと定常業務

が決まり、会社は「プロジェクト」を実施し、1年後、めでたく新車開発に成功した。

さて、その後だが、当然のことながら、新車はそれ以降、製造ラインに乗って毎日つくり続けられる。経営者はこれを、期間のかぎりなく、できるだけ長く続けたい。これは「定常業務」である。つまり、プロジェクトで作られたものは、プロジェクト終了と同時に定常業務に引き渡され、その後、定常業務のなかで作り続けられたり、使い続けられたりするのである。つまり、プロジェクトは多くの場合、定常業務と定常業務に挟まれており、プロジェクトから定常業務への成果の引き渡し（ハンドオーバー）がおこなわれるのである[38]。そして、プロジェクトが生みだした財やサービスを定常業務で運用していくこと、これが持続性の意味である。

つまり、プロジェクトの持続性を高めるためにプロジェクトがするべきことは、プロジェクト終了後にはじまる定常業務のための仕組みをプロ

38　新規業務の立ち上げプロジェクトの場合、プロジェクト以前の定常業務は存在しないので、プロジェクトが定常業務と定常業務に挟まれているとはいえない。しかし、プロジェクトから定常業務への移行すなわち成果の引き渡しはおこなわれる。したがって、プロジェクトは「必ず」定常業務と定常業務に挟まれているとはいえないが、プロジェクトから定常業務への成果の引き渡しは「必ず」おこなわれるはずである。定常業務に引き渡されない成果があったとしたら、それはプロジェクトが使われないものを生み出したということだから。

ジェクトのなかで作っておくことなのだ。自動車製造の場合は新車の開発と並行して新しい製造ラインを作るのは当然のことで、あえて持続性などといったりはしない。だが、社会開発系プロジェクトの場合、新製造ラインに相当するのは制度であったり業務方法や作業手順であるといった目に見えないものであることが多く、そのために十分に整備されないままに終わりがちになる。たとえば、乳幼児死亡率を下げるためのプロジェクトを実施し、母子手帳や妊婦検診システムを新規に導入したのであれば、プロジェクトが終わり、日本人が帰ったあと、相手国の医療関係者が母子手帳や妊婦検診システムを自分たちの日々の業務として使い続けていくための組織体制や財源確保手段をプロジェク期間中に作っておく必要があり、これがプロジェクト実施者にとっての持続性となる。プロジェクト終了後の定常業務の仕組みをプロジェクト期間中に作っておくこと、これが持続性を確保するということである。

4.1.6　評価5項目の補足説明

評価5項目に関して補足説明をしておく。1点目は、評価5項目のあいだで評価設問が重複することはないということ。5項目はそれぞれ独立した概念なので、同じ評価設問が異なる項目で問われることはない。ただし、5項目を問う評価設問に答えるために現状を確認する設問は重複することがある。これを、親質問は重複しないが子質問・孫質問が重複することはある、と説明した人がいた。うまい説明だ。たとえば、効率性の評価設問として、プロジェクトが実施した○○研修は過去のほかのプロジェクトが実施した同様の△△研修より安くできたかを確認するとする（図4.4）。これが親質問である。これを確認するためには、○○研修の1人あたりの経費と△△研修の1人あたりの経費をくらべる必要がある。これが子質問である。それぞれの1人あたりの経費を確認するためには、それぞれの研修の総経費と受講者数を調べる必要がある。これが孫質問である。そして、5項目の他の項目で研修経費や受講者数を調べる必要がでてくる可能性はあるが、○○研修が△△研修より安かったかどうかが親質問とし

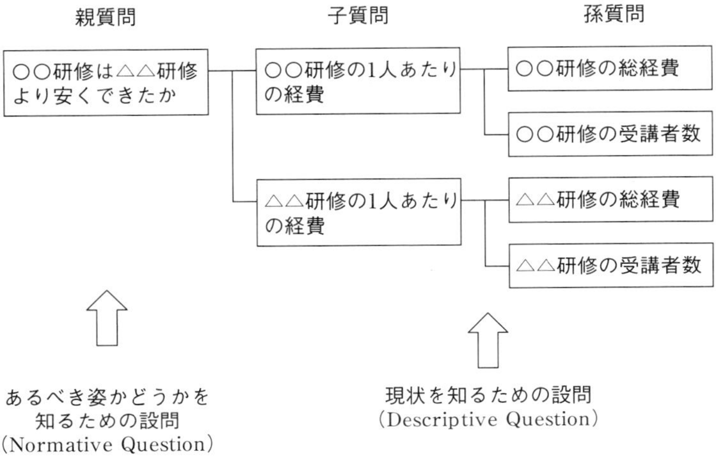

図 4.4　評価設問の重複

て他の項目で問われることはない。つまり、親質問は重複しないが、子質問・孫質問が重複することはある、ということである。ここでいう親質問は、あるべき姿かどうかを知るための設問で、Normative Question と呼ばれ、子質問･孫質問は、現状を知るための設問で、Descriptive Question と呼ばれる。なお、図 4.4 にはないが、事象の因果関係を知るための設問は Causative Question と呼ばれる。

補足説明の 2 点目は、5 項目間の重みの違いについてである。基本的に、5 項目間で重要度の差はないとされている。ただし、評価の時期や目的の違いにより、5 項目間で重みに差が生じる（図 4.5）。事前評価では、これからプロジェクトをはじめようという段階で、プロジェクトの必要性を確認するのがおもな目的なので、妥当性が重視される。中間評価では、プロジェクトの中間時点で、投入をもちいて活動をおこなってきて、そろそろ成果が見えつつある段階なので、投入の成果への転換状況すなわち効率性が重視される。また、周辺状況の変化も起こりつつあり、それによって妥当性がゆらいできていないかも注目される。終了時評価ではプロジェクト目標の達成が最大の関心事になるので、有効性がもっとも重要視される。また、プロジェクト終了後の定常業務の見込み、すなわち持続性も重

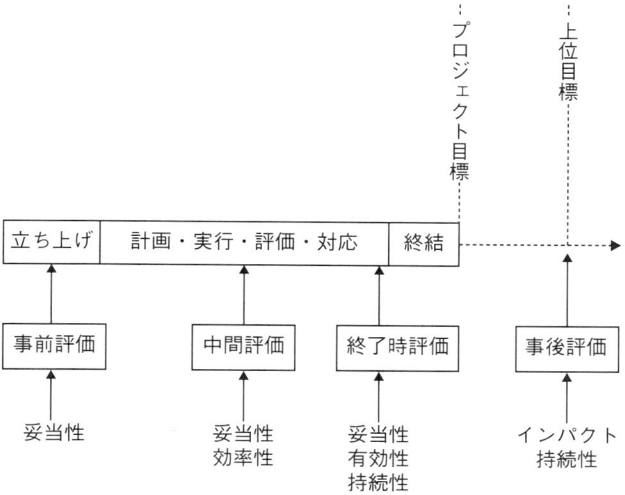

図 4.5　評価時期による 5 項目の重みの違い

視される。さらに、やはり周辺状況の変化による妥当性の変化も注目される。事後評価では、プロジェクトはもう存在せず、上位目標の達成が期待される時期なので、インパクトが重視される。また、プロジェクト終了後の定常業務の実施状況とそれによる便益の持続が重要な課題であり、持続性が重視される。なおこれは、どの評価においても 5 項目すべてを評価するが、そのなかでも上記の項目が重視されるということであって、上記以外の項目は評価しないということではない。

4.2　情報収集方法

評価設問の準備ができたら、次に、評価設問ひとつひとつに関して、どういう方法で情報を収集するかを考える。開発援助プロジェクトや公共事業の評価における情報収集はその多くが社会調査となる。おもな調査方法は以下のとおりである。

・文献調査

・アンケート調査
・インタビュー
・フォーカス・グループ・インタビュー
・観察
・計測
・事例調査

以下に各調査方法の概要をごく簡単に紹介する。詳細は社会調査の解説書やそれぞれの文献にあたっていただきたい。

文献調査

文献調査はプロジェクトが作成した計画書や進捗報告書などのプロジェクト文書、政府の統計年鑑をふくむ各種統計報告書、一般に刊行されている書籍、論文、新聞、雑誌、インターネットなどから情報を収集する方法である。とくにプロジェクト文書はしっかりと読み込んでおく必要がある。評価者はプロジェクトにとって外部者である。聞いたこともなかったプロジェクトを評価することも多い。現場で何年にもわたってプロジェクトにどっぷり浸かってきたプロジェクト実施者のなかに、いわば新参者が飛び込んでいって、彼らに信頼され、彼らと認識を共有しつつ評価をおこなうためには、可能なかぎりすみずみまでプロジェクトを知っていたい。その最大の情報源はプロジェクト文書である。ある評価研修で、講師が「読んで、読んで、読んで、プロジェクトを生きろ！（Read, read, read to live the project!)」といって受講者を励ましたことがあった。15 年ほども昔のことだが、いまでも強く印象に残っている。

アンケート調査

アンケート調査は質問紙調査ともいわれる。これには統計解析を前提としたものとそうでないものがある。統計解析を前提とした調査では、まず調査対象者と解析方法を決め、それにもとづいてサンプル数、サンプリング方法、調査方法、回答記入方法、調査員、調査時期・時間などを決め、質問紙を作成する[39]。質問紙も、答えやすい質問から答えにくい質問へといった順序に質問をならべる、ひとつの質問文でふたつ以上のことを聞かない、否定文を避ける、誘導的な質問をしないなどといった、さまざまな配慮が必要となる。統計解析を前提としないアンケート調査は、多くの場合が、プロジェクトチームメンバーなど、特定の比較的小規模のグループに対する全数調査ないしサンプル調査になる。この場合も、調査結果の分析方法を念頭においたうえで、調査方法、調査員、調査日時などを決め、質問紙を作成する。

統計解析を前提とする場合しない場合のいずれであっても、調査を終えてから解析・分析方法を考えるのではなく、解析・分析方法を決めてから調査計画をたて質問紙を作成するということを忘れないでいただきたい。解析・分析方法によって必要な情報が異なってくるからである。

また、質問紙の案ができた段階で、その内容を確認するための予備調査は必ずおこないたい。すべての質問の意図が回答者に的確に伝わるということはまずない。質問文のいくつかは誤解されたり回答者にとって分かりにくかったりするので、本調査に先立って試行し修正するのである。予備調査の対象者は本調査の対象者ではなく、それに類似する特性を有する人々を選ぶ。予備調査は質問紙の内容確認のためにおこなうので、集計する必要はない。

インタビュー

インタビューは聞き取り調査や面接調査などともいわれる。独立した調査としておこなう以外に、アンケート調査のフォローアップとしておこなうことも多い。アンケートの回答には、記入もれや意味の分かりにくい回答が必ずあるので、インタビューによってフォローするのである。

39　解析方法には単純集計とクロス集計が、サンプル数の決定には母数の推定精度を確保する方法と差異の検出力を確保する方法が、サンプリング方法には無作為抽出法と有意抽出法が、調査方法には訪問面接調査、留め置き調査、集合調査、郵送調査、電話調査、インターネット調査などが、回答記入方法には回答者が自分で記入する自記式と調査者が聞き取って記入する他記式がある。詳細はアンケート調査の解説書を参照願いたい。

インタビューには、対象者による分類として、個人に対する個別インタビュー、複数人に対する集団インタビュー、特定の情報をもった人々に対するキー・インフォーマント・インタビューなどがある。また、質問形式による分類として、構造化[40]インタビュー、半構造化インタビュー、非構造化インタビューなどがある。構造化インタビューは、前もって準備した質問紙にそって質問し回答してもらうというもので、訪問面接による他記式のアンケート調査と変わるところはない。半構造化インタビューは、前もって質問紙を準備してのぞむが、その場の判断で質問の順番を変えたり、予定になかった質問をしたりする。話がわき道にそれることもある程度は許容し[41]、話が一段落したら準備した質問にもどる。非構造化インタビューは、テーマや確認するべき事項は念頭におきつつ、事前に質問紙などは準備せず、回答者に自由に語ってもらい、そのなかから必要な情報をくみあげる方法である。

インタビューのやり方についても、アンケートの質問紙同様、質問は答えやすい質問から答えにくい質問へといった順序にする、誘導的な質問をしないなどといった配慮にくわえ、インタビューの時期と時間、調査者の立ち位置[42]や目の高さ、声のトーン、メモをとるか、録音するかなど、さまざまな配慮が必要となる。

なお、インタビューでは事前の準備がきわめて重要である。相手の個人的・社会的背景まで知っておきたいところだが、少なくとも質問内容に関しては可能なかぎり事前に調べ勉強しておく必要がある。回答者は準備不足の調査者をすぐに見抜くし、そういう調査者は手ぶらで情報を搾取しにきた人と思われかねない。回答者は貴重な時間と情報を提供してくれるの

40　ものものしい日本語だが、原語はstructuredである。要するに、インタビューで聞くべき質問が全体として秩序だって組み立てられているということである。半構造化はsemi-structured、非構造化はunstructuredである。

41　歓迎するともいえる。話がわき道にそれるということは、それこそが対象者が話したいことであり、そこには調査者が気づいていなかった情報がふくまれていることが多い。

42　正面から相手に向きあうのではなく、相手と自分が90度の角度で向きあう位置が望ましい。前者は対立関係の立ち位置、後者はパートナー関係の立ち位置である。

である。話してよかった、楽しかったと思ってもらえるようなインタビューをしたい[43]。

フォーカス・グループ・インタビュー

フォーカス・グループ・インタビュー（FGI）はフォーカス・グループ・ディスカッションとも呼ばれる。確立された方法論として学術的にも認められている調査手法で、たんなる集団インタビューとは異なる。集団インタビューは対象が複数人というだけで基本的には個別インタビューと変わらない。それに対してFGIは、参加者間のディスカッションを通して事実を浮かび上がらせたり、参加者に新たな視点や認識をもたらしたり、グループとしての意見を構築したり、彼らのエンパワメントをはかったりといった、グループダイナミクスをいかした、情報収集にとどまらない、広く深い調査手法である。グループの人数は6人～8人で、1時間半程度のディスカッションが良いとされている。テーマに関して深い議論をするために、類似性が高く、利害関係や上下関係のない参加者が望ましい。ディスカッションにはFGIに通じたファシリテーターの存在が欠かせない。また、参加者の発言内容だけではなく、発言のしかた、話者の身振りや表情、誰が誰に向かって話したか、沈黙など、詳細な観察記録をつけるので、ファシリテーターのほかに、発言記録者と観察記録者の2名を配置することが望ましい。

観察

観察は、調査者が現場を訪れ、プロジェクトの実態を直接観察する調査である。見るべきものは、評価の目的にもよるが、プロジェクトの活動状

43　インタビューは、対象者の頭のなかに存在する意見や知識を引き出すためにおこなうのではない。他者との会話は、各人のなかに固定されてある真実を探りだすプロセスではなく、語りを通して自分の感情に気づき、経験を意味づけ、人生を構築する創造的なプロセスである（エマーソンほか、1998年）。そうであれば、インタビューも、調査者と対象者の双方にとって、発見に満ちた意味創造のプロセスになりうるはずである。そういう経験ができたとき、インタビューは、双方が、話してよかった、楽しかったと思えるインタビューになる。

況、投入の活用状況、成果の運用および維持管理状況、プロジェクト目標や上位目標、インパクトなどの発現状況および持続状況などである。プロジェクトが特定の人々の行動変容を目指していた場合は、その人々の行動を観察する。行動観察をおこなう場合は、離れた場所から調査者然として観察するのではなく、たとえ短時間でも、調査対象者のなかに入っていき、人々と行動をともにしながら観察やインタビューをおこなうとよい。これは、人類学や社会学の調査で広くもちいられる参与観察（participant observation）[44]という手法である。

計測

計測は、米の収穫高、水路の水量、プロジェクトが導入した栽培方法を実践している農民の数などを現場で実測することである。通常、これらの達成度や効果はプロジェクト開始時点で評価指標として定められており、実施期間中にプロジェクトチームによって継続的に実測されているはずなので、評価にあたってはそのデータを入手すればよい。そのうえで、必要であれば、入手データの信頼度を検証するために、少数のサンプルを評価者が実測する。

事例調査

事例調査はケーススタディとも呼ばれる[45]。1例からせいぜい数例の少数の事例について、上記でしめした調査手法を総動員し、現状がどうなって

44　観察者効果という言葉がある。外部者が観察することによって調査対象がその振る舞いを変える現象である。自然科学では、光をあてて電子を見ようとすると光子によって電子の挙動が変わってしまうことが問題になる。社会科学では、見られていることを意識して観察対象者の行動が変わってしまうことが問題になる。いずれも観察者効果である。この観察者効果を小さくするために参与観察をおこなうと思っている人がいるが、これは誤解である。参与観察は、調査者が自分を消し去るための手法ではない。調査者が調査対象の人々のなかに入っていき、彼らとともに生活し、彼らがやるように自分もやってみることで、外からは見えない、その社会や集団のなかに存在する多元的な真実を明らかにするために、参加し観察するのである。

45　ケーススタディ（case study）は、通常、「事例研究」と訳されるが、ここでは調査方法として紹介しているので、事例調査と呼ぶ。

いるか、その背景や理由は何か、それを内部者はどう受け止めているかといったことを狭く深く調べる調査である。

評価調査における事例調査の位置づけはふたつ考えられる。まず、評価調査の早い段階で事例調査をおこない、調査対象の現状を深く知り、問題の本質をとらえ、それをもとに統計調査で調べるべき項目を特定して広くアンケート調査をおこなうという位置づけ。もうひとつは、統計調査で多くの対象について広く調査をした結果に関して、それが実際に個々の事例に当てはまっているかどうかを確認するために事例調査をおこなうという位置づけである[46]。いずれにしろ、事例調査か統計調査か（定性的調査か定量的調査か）といった二者択一ではなく、狭く深く調べる事例調査と広く浅く調べる統計調査を組み合わせて、広く深く調べる調査が可能になるということである。

開発援助のひとつの類型として、非常に広範な地域を対象に、複数のセクターにおいて、小規模プロジェクト（サブプロジェクト）を大量に実施することによって、住民の生活の全体的な底上げをはかるといったプロジェクトがある。たとえば、アジアのある国で、一国全土を対象に、道路、水道、灌漑、市場、学校、保健の6分野を対象に、1,000件を超える小規模インフラを整備することにより、貧困層の経済・生活環境の改善をはかり、もってその国の貧困率の削減に寄与するというプロジェクトがあった。このようなプロジェクトの場合、全サブプロジェクトを訪問して観察やインタビューをおこなうことはいうまでもなく不可能なので、たとえば、全国を地域特性によっていくつかの地域に分類し、それぞれの地域において6分野で各1件ずつサブプロジェクトの事例調査をおこなってそ

46　本来は前者であるべき。アンケートや構造化インタビューのような、事前に質問を準備しておこなう調査は、事前に聞くべきことがわかっていて、その回答が予測できているのである。つまり、これらの調査は前もって立てた仮説を検証するための調査なのだ。では、その仮説はどのようにして立てられるのか？　本来は現場を見て、予備調査をして立てるべきである。したがって、事例調査をおこない、その結果をもとに仮説を立て、その仮説をアンケート等の統計調査で検証するのが調査のあるべき順序となる。実際には、時間や予算、調査対象者の都合など、さまざまな制約があり、妥協的な調査にならざるをえないのだが。

の現状や問題を把握し、その情報をもとに質問紙を作成し、全サブプロジェクトを対象にアンケートでサンプル調査をかける、といった調査になるわけである。評価報告書は、まずアンケート調査の統計解析結果をしめしてプロジェクトの全体像をしめし、そのうえで、その背景や問題や課題について事例調査の結果をあげて厚い記述（C. ギアツ）をおこなう、という報告書になる[47]。

上記すべての情報収集方法に関連することとして、トライアンギュレイションを紹介しておく。アンケートだけで得た情報や、特定の個人やグループへのインタビューだけで得た情報には偏りがあることが懸念されるために、ひとつの評価設問に対して複数の調査方法や情報源から情報を得て調査の信頼度を高めることをトライアンギュレイション（triangulation：三角測量的方法、方法論的複眼）という。トライアンギュレイションには、異なる情報収集方法を組み合わせるもの、異なる情報源を組み合わせるもの、異なる調査者を組み合わせるものなどがある。実際には、ひとつの評価設問をアンケートとインタビューと観察といった異なる情報収集方法を組み合わせておこなう調査や、同じ質問を成人男性と成人女性と子供にするといった異なる情報源を組み合わせた調査が多い。同じ調査を評価チーム内の異なる専門性をもった３人がそれぞれに調査する方法もあるが、調査の効率といった点から、あまり一般的ではない。なお、いうまでもないが、ただやみくもに複数の調査方法や情報源を組み合わせればよいというものではない。調べようとしていることがらを適切に調べるために、どういう方法で、誰に、調査するべきかをよく考えて組み合わせを考えなければならない。

47　実際にそういう調査がおこなわれ、そういう報告書が書かれたということではないので念のため。

4.3　評価設問の絞り込み

前項までの作業はいわば評価設問の洗い出しである。しかし、洗い出した評価設問のすべてを実際に調査するわけではない。評価調査にも時間や予算の制約があるし、期待する情報が容易に入手できないことが予想される場合もある。そこで、調査に先だって、洗い出した評価設問のうちから実際に調査をする設問を絞り込む作業をおこなう。評価設問の絞り込みは以下の観点からおこなう。

・適切性[48]：評価するべきことを的確にとらえているか
・重要性：その事実は評価にとって重要か
・信頼性：情報・情報源は信頼できるか
・入手難易度：その情報は容易に入手できるか
・経費：調査にかかる経費は適切か
・時間：調査にかかる時間は適切か

たとえば、A国B地域の米の増産をプロジェクト目標とするプロジェクトの評価にあたって、有効性の評価設問として「A国B地域の米は増産したか」を、プロジェクトが作成した収穫高調査報告書（文献調査）、農業協同組合へのインタビュー調査、農民へのアンケート調査の3種の調査方法で調べようと考えたとする。評価設問はプロジェクト目標の達成度を聞く評価設問なので、有効性の設問としての適切性は高く、重要性も高い。情報の信頼性は、収穫高調査報告書はプロジェクトが作成したものなので高い。農業協同組合は収穫高そのものを把握しているわけではないので中程度、農民へのアンケートは収穫高をもっとも正しく把握しているのは農民

48　適切性（validity）は通常「妥当性」と訳されるが、ここでは評価5項目の妥当性との混乱を避けるために適切性と呼ぶ。なお、ある方法で何かを調べるさいに、その方法がその何かを調べているかどうかが適切性であり、その方法で何回調べても同じ結果がでるかどうかが信頼性（reliability）である。信頼性が高いと客観的で科学的な方法のように思えるが、信頼性が高いからといって適切性も高いとはかぎらないので、注意が必要である。つまり、見当違いな結果をコンスタントに出しているかもしれないということである。

なので高い。入手難易度は、文献調査は容易、農業協同組合のインタビューも容易、だが農民へのアンケートは配布・記入・回収すべてに課題があり容易とはいえない。経費と時間は、文献調査・農業協同組合インタビューともに安価で短時間だが、農民アンケートは経費・時間ともにかなりかかる。これらのことから、農民への調査はアンケートにかえてインタビューでおこなうこととし、米の増産は文献調査と農業協同組合および農民へのインタビューにて調査をおこなうこととする、といった具合に検討するのである。このプロセスのなかで、複数考えた調査方法のうちのいくつかを諦めたり、あるいは評価設問そのものを不採用としたりして、評価設問と調査方法を絞り込んでゆく。このようにして絞り込んだ評価設問すなわち調査項目をもって調査にのぞむわけだが、それらの調査がすべておこなえるとはかぎらないし、すべての調査に結果を得られるともかぎらない。したがって、評価設問は少し多めに準備しておくとよい。

第5章
現地調査と分析

第5章　現地調査と分析

評価設問すなわち調査項目の準備ができたら現地調査の開始である。ただし、文献調査は、評価をすると決まったその日から始まっており、評価設問もほとんどは文献から情報を得て作る。さらに、現地でアンケートやインタビューをおこなうと、その結果を解釈したり検証したりするために文献にあたり、評価報告書は調査結果と文献を交互に参照しながら書きあげる。つまり、文献調査は評価の初日から最終日まで途切れることなく続く。まさに評価は、読んで、読んで、読んで、進めていくのである。また、アンケート調査は、可能であれば、現地にいくまえに配布・回収し、調査結果の整理と分析をはじめておく。それ以外の調査はいずれも現地でおこなう。現地に入ったら、事前に想定した方法で調査をおこない、評価設問の答えとなる情報を収集し、分析する。

5.1　定量的データの分析

アンケートや構造化インタビューで得た定量的データはまず集計する。集計には、単純集計とクロス集計がある。単純集計は質問ごとに集計するもので、平均値、最頻値、中央値、標準偏差、度数分布などをもちいて要約する。度数分布はグラフや散布図などで視覚的に表現する。クロス集計は質問を組み合わせて集計するもので、ある質問に対してＡ集団とＢ集団はそれぞれどう回答していて、そこに属性による違いはあるかとか、ある質問にイエスと答えた人は他の質問にどう答えているかなどをクロス集計表をもちいて分析する。集計結果はやはりグラフや布置図などで表現する。集計をおこなったうえで、必要に応じて統計解析をおこなう。統計手法には、比率に関する検定と推定、平均値に関する検定と推定、クロス集計表に関する検定、回帰分析、主成分分析などがある。詳細はアンケート調査および統計に関する文献を参照願いたい。

5.2　定性的データの分析

文献調査、インタビュー、FGI、観察、事例調査などで得た定性的データ、すなわちテキスト・データ[49]に関しては定式的な分析手法は存在しない。文献やインタビュー記録はもちろん、観察や事例調査をするなかで自分が書きとめたノートやメモも、何度も繰り返し読み返し、そのなかから5項目の評価につながる事実、要因、事例などをくみあげていくことになる。実はこれは、評価5項目を念頭においていれば、それほど難しい作業ではない。テキスト・データを読み返しながら、これは妥当性の裏付けデータ、これは有効性の判断根拠、これは効率性の事例といった具合に、該当する情報をひろっていけばよい。あるいは逆に、効率性を評価する財務情報はないか、多様なインパクトを生んだ共通の要因は何か、といった具合に、特定の情報を探し出す目的をもって資料に目を走らせることもある。大学の講義で演習をやる時間がないときに、ひととおり評価5項目の概念を説明したあとで、短い事例を読んでもらい、事例の各段落が5項目のどれに該当するかを答えてもらうという授業をすることがある。評価5項目の話をはじめて聞いた学生たちも的確に回答してくれる。実務においても、そういう目でテキスト・データを見ていけばよい[50]。

49　厳密には、定性的データには、観察したときに目にしたことや聞いた音の記憶、テレビやDVDなどの映像、写真などもふくまれる。最近は、プロジェクトが記録や広報のために映像を残すことも多い。これらすべてを定性的データとして評価にもちいるが、ここではテキスト・データ（文字情報）で代表させて解説する。

50　これは、評価5項目という、テキスト・データを読む視点が前もって与えられているからできることで、学術論文を書く際はこうはいかない。学術論文では、テキスト・データを読む視点をまさにそのテキスト・データ自体から見つけださなくてはならず、見つけだした視点をもって読むことでテキスト・データのなかから独自の理論を発見しなければならない。学位論文などでテキスト・データの質的分析をする必要にせまられている方には、佐藤郁也氏の一連の書籍と大谷尚氏のSCAT（Steps for Coding and Theorization）をお勧めする。

第6章

評価結果のまとめ

第6章　評価結果のまとめ

調査結果の整理と分析が終わったら、それらをもとに評価（価値判断）をおこなう。評価作業の最後の段階である。まず5項目ごとの評価をおこない、次に5項目評価を総合して全体評価をおこない、そこから提言と教訓を導き出し、これらを報告書にまとめる。報告書はおもに以下の5つの部分から構成される。

(1) 計画の報告
(2) 実績の報告
(3) 5項目別評価
(4) 結論
(5) 提言と教訓

6.1　計画の報告

まず、報告書冒頭で、プロジェクト開始前の状況がどういうもので、それをプロジェクトを実施することによってどのように変化させようとしたのかという、プロジェクト実施にいたる背景を説明する。そのうえで、それを受けたプロジェクト計画の概要をしめす。計画に関しては、第3章で解説した、計画の内容とプロジェクト実施中の計画変更を中心に報告する。

計画の内容に関しては、評価の準備段階でその内容を確認し、必要に応じて文言や記述を修正して関係者の合意をとった最終版について報告する。さらに、必要であれば、計画のどこをどのように修正して最終版としたかについても解説する。

プロジェクト実施中の計画変更に関しては、計画が、いつ、どういう理由で、どのように変更されたかを報告する。既述のとおり、計画変更が適切になされたかどうかも評価の対象となるので、計画変更の報告は必須である。

計画内容および計画変更がプロジェクトにおよぼした影響については、実績として次項で報告するので、ここでは計画の報告にとどめておく。

6.2　実績の報告

次に、プロジェクトの実績を報告する。投入、活動、成果、プロジェクト目標、上位目標、リスク（外部条件）が実際にどのような状況であったかについての報告である。投入は人材・機材・経費の質・量・タイミング、活動はおもな活動の実施状況、成果・プロジェクト目標・上位目標はそれぞれの達成状況を報告する。いずれも、計画との差が生じている場合は、その理由と、それがプロジェクトにおよぼした影響を報告する。リスクは、計画時に予想したリスクおよび予想しなかったリスクの発生状況と、それがプロジェクトにおよぼした影響、それに対するプロジェクトの対応を報告する。

6.3　5項目別評価

前項までの計画と実績の報告を受けて、両者を比較するかたちで、5項目それぞれの評価結果とその判断根拠をしめす。なお、評価のスケールはあいまいになりがちなので、「高い、中程度、低い」や「非常に高い、高い、中程度、低い、非常に低い」といったスケールで評価するむねを冒頭で明記するとよい。

妥当性

妥当性に関しては、ターゲットグループや対象地域の現状とニーズ、被援助国の開発政策、援助側の援助方針の3つの観点から妥当性の高低を評価し報告する。政策および援助方針については、具体的な政策名や方針名をあげ、該当箇所を引用する。プロジェクト実施中に周辺状況が変わって、当初は高かった妥当性が評価時点において低くなっている場合は、その状況説明と、それに対するプロジェクトの対応とその結果を報告する。計画の妥当性を妥当性にふくめる場合は、ここで計画の妥当性とそれがプロジェクトにおよぼした影響について報告する。

有効性

有効性に関しては、まずプロジェクト目標が達成されたかどうか、達成された場合、それが成果によるもの、すなわちプロジェクトによるものかどうかを報告する。そのために必要であればwith/withoutやbefore/afterの比較をおこなう。プロジェクト目標が未達成の場合、あるいは達成していてもプロジェクトによるものではないと思われる場合、その理由を報告する。プロジェクトによってプロジェクト目標が達成されていれば有効性は高い、達成されていなかったり、達成されていてもそれがプロジェクトによるものでなければ有効性は低いと評価される。

効率性

効率性に関しては、成果／投入が数値換算でき、その高低を判断する比較の基準があれば、成果／投入を計算して効率性の高低を評価する。それができなければ、投入の質、量、タイミングは適切だったか、投入はその目的にしたがって活用され、それによって適切な規模の成果が達成されたかどうかを定性的に判断、評価する。また、より安く、より早く同様の成果が達成される方法がほかにあったのであれば、それについて解説し、それと比較して評価する。予算超過や期間超過の程度をもって効率性を評価するのであれば、その結果を報告する。

インパクト

インパクトに関しては、まず上位目標の達成度と、それがプロジェクトによって達成されたものかどうかを報告する。その際に必要であればwith/withoutやbefore/afterの比較をおこなう。そのうえで、プロジェクト効果の面的・時間的広がりや、政策、技術、自然環境、社会・文化、組織・体制、経済・財政などの横断的視点から見たインパクトを報告する。

持続性

持続性に関しては、プロジェクト終了後、プロジェクト実施機関が、プロジェクトの便益をみずからの定常業務として活用し、維持・管理できるか（できているか）を、相手国の政策制度、プロジェクト実施機関の組織体制、技術力、財務力の4つの観点から評価する。組織体制の職員数や離職率、財務力の予算などは、過去の推移から予想される将来の状態と組織の方針を総合して、予測としての評価をおこなうことになる。具体的には、職員数や予算が過去から現在にかけて増加傾向にあるか減少傾向にあるかを確認し、同時に職員採用や予算配分の今後の見通しや方針を担当者にインタビューなどで確認し、それらを総合して予測し、評価する。

6.4　結論

5項目別評価が完了したら、その結果を総合して、プロジェクトとしての全体評価をおこなう。5項目評価の総論（synthesis）ともいわれる。

5項目それぞれの評価はすでに前項で報告されているので、ここでその内容を繰り返さないほうがよいが、全体を一望する意味で、5項目の評価結果（高い、中程度、低いなど）を表にまとめて提示するとよい。それを参照しながら、複数の項目に影響をおよぼした共通の要因や、5項目のなかでとくに注目すべき評価項目などを取り上げて解説する。

たとえば、相手国のプロジェクトマネジャーが非常に強いリーダーシップと発言力をもっていて、彼の影響力のおかげでプロジェクトに優先的にスタッフや予算がつけられ、組織内でのプロジェクトの位置づけも高く、そのために有効性、効率性、インパクトが高かったと評価されたのであれば、複数の項目に影響をおよぼした共通の要因としてそのことに言及する。しかし、そのマネジャーは近いうちに異動することが予想され、後進の育成ができていないために、異動後の組織・体制および財務の継続性が危惧され、持続性が低いと評価されたのであれば、5項目のなかでとくに注目すべき評価項目として持続性に言及する。

また、適切な時期に適切な計画変更をおこなった、さまざまな工夫をこらしてプロジェクトチームメンバーのモチベーションを長期にわたって維持した、リスク発生時に適切な対応をとった、などといったプロジェクトマネジメントの良し悪しも、5項目に広範に影響するので、複数の項目に影響をおよぼした共通の要因として言及する。

評価の目的が特定されている場合は、その目的に対応した評価の結論をのべる。たとえば、事前評価でプロジェクト実施の是非を判断することが目的であれば、5項目の評価を総合して、プロジェクトを実施すべきか否かの判断を結論としてのべる。終了時評価でプロジェクトを予定どおりに終了させるか否かを判断することが目的であれば、5項目の評価を総合して、終了か延長かの判断を結論としてのべる。たとえば、プロジェクトマネジャーの強力なリーダーシップのおかげで5項目評価は総じて高かったが、後進の育成ができていないことから持続性が低く評価された。そのため、プロジェクト期間を延長し、その間に組織・体制および財務の継続性を確保するべきである、といった具合である[51]。

先に、プロジェクト計画の妥当性を5項目の妥当性にふくめるか否かでふたつの異なる見解があることに触れた(第4章4.1)。「必要とされるプロジェクトだったか」という妥当性の定義に照らすと、計画の論理性や日本が支援する意義（日本の技術的優位性等）といった計画の妥当性は5項目の妥当性ではない。また、計画の妥当性を5項目の妥当性にふくめた場合、計画の妥当性がまず独立して妥当性で評価される。そしてさらに、計画の妥当性は活動の実施、成果の産出、プロジェクト目標や上位目標の達成などに直接的な影響をあたえるため、計画の妥当性の影響が有効性以下の4項目で再度、重複して評価されることになる。かりに計画が妥当でなかった場合、計画の妥当性が5項目で何重にもマイナス評価されることになってしまう。以上から、計画の妥当性は、5項目の妥当性では評価せ

51　評価報告書でプロジェクトの延長に言及すると、それによってプロジェクト実施機関および援助機関が延長にコミットしたと受け取られる可能性があるため、評価においてプロジェクトの延長に言及するべきではない、という考えもある。

ず、結論で言及するのが適切であると思われる[52]。

6.5　提言と教訓

提言

提言（Recommendations）は、評価対象プロジェクトの今後のあり方に関する提案･助言である。そのプロジェクトに対する処方箋（prescription）ともいわれる。

提言は、特定の対象者に具体的な行動を要求するものであるため、提言の対象を明確にすることと、実行可能で具体的であることが求められる。開発援助プロジェクトの場合、提言の対象はおもにプロジェクトチーム、実施機関、援助機関の３者である[53]。プロジェクトチームに対してはプロジェクトの残りの期間でおこなうべきこと、実施機関および援助機関に対してはプロジェクトの残りの期間およびプロジェクト終了後におこなうべきことが提言となる。たとえば、持続性確保のためにプロジェクト期間を延長して組織・体制の強化および財務の継続性の確保をはかるのであれば、具体的な延長期間をしめし、その間に、プロジェクトチームは持続性確保に必要な組織・体制案を作成すること、実施機関はそれを受けて組織改編と人事および予算措置をおこなうこと、援助機関は実施機関の提言実行の支援をおこなうこと、といった提言をおこなう。提言は現実的で実行可能でなければならないため、対象者とともに考え、合意を得たものを提言とする。

教訓

教訓（Lessons Learned）は、評価対象プロジェクトから得られた学びで、現在実施中の、あるいは今後実施される類似プロジェクトをより良く

52　これはあくまでも筆者の考えで、既述のとおり、評価５項目を考案したDACは計画の妥当性を５項目の妥当性にふくめている。

53　参加型プロジェクトの場合、ターゲットグループや受益者にむけた提言もありうる。

計画し実行するためのものである。ほかのプロジェクトにも有効な評価結果の一般化（generalization）ともいわれる。

たとえば、評価対象プロジェクトの成功要因がプロジェクトマネジャーのリーダーシップで、持続性の阻害要因がリーダーの後進育成の遅れであった場合、プロジェクトマネジャーにはリーダーシップを有する人材をあて、プロジェクト実施期間中にプロジェクトと実施機関が協力してプロジェクトマネジャーの後継者となる人材の育成をはかる、といったことが教訓として考えられる。

提言が評価対象プロジェクトへの提案であるため個別具体的であるのに対して、教訓はプロジェクト関係機関の組織資産・知識資産として蓄積され活用されるものであるため、より一般的で汎用性の高いものになる。とはいえ、評価結果から導き出されたものであるため、多くの場合、熱帯地方でプロジェクトを実施する場合は、稲作プロジェクトを実施する場合は、乾燥地域で稲作プロジェクトを実施する場合は、といった具合に、教訓の適用条件をある程度限定するべきである。あらゆるプロジェクトに適用可能な教訓もないわけではないが、いわずもがなのあたりまえな教訓になりがちなので注意を要する[54]。

いうまでもなく、提言も教訓も評価結果から導き出されたものであるため、その根拠が前段の５項目評価および結論になければならない。つまり、評価報告書の前段で報告された具体的な事象や評価判断と個々の提言・教訓のあいだに明確な対応がなければならないということである。まれに、評価結果を離れた、評価者の思いや持論が提言や教訓になっている評価報告書を見かけることがあるので注意してもらいたい。

なお、提言の策定は、評価の範囲を超えた業務、評価者が取り組む資格

54　リーダーシップのある人材をプロジェクトマネジャーに選定するというだけでは、あたりまえで、教訓とはいいがたいが、そのあたりまえのことができていない理由として、プロジェクトの人的資源計画やチーム育成に関する意識が低いことを指摘すると、プロジェクトマネジメントの観点から見た有益な教訓になりうるであろう。

をもたない業務であるという指摘がある (Scriven, 1993)。提言はプロジェクトの内容に関する具体的な提案であるため、農業プロジェクトであれば農業の、医療プロジェクトであれば医療の、教育プロジェクトであれば教育の専門性が要求される。いうまでもなく評価者は評価の専門家であって、これら対象分野の専門家ではない。また、プロジェクト関連の組織、人事、財務などに関して提言をおこなうこともあるが、評価者は対象組織の人間ではなく、内情を知り尽くしているわけではない。同様のことは、教訓に関しても一定程度あてはまる。したがって、提言・教訓の策定に関しては、評価者は調整役にまわり、対象分野の専門家や対象組織の担当者の知見と情報を尊重して策定するべきである。そのためにも、評価チームには内部者や対象分野の専門家がふくまれていなければならない。

6.6　評価結果のフィードバック

評価結果は、評価報告書で報告されるだけでなく、各種報告会で口頭報告されることもある。評価報告書は、プロジェクトチームメンバーやプロジェクト実施機関、援助機関はもちろん、関係する機関や個人に配布される。ターゲットグループや受益者に配布されることもある。さらに、教訓のより広範な活用のためと、資金提供者に対する説明責任のために、プロジェクト関係機関のウェブサイトで公開することも一般的におこなわれている。いずれにしろ、評価結果を活用しなければ評価をした意味がないので、プロジェクト関係機関は、評価結果を広く関係者に報告・開示するとともに、その活用ための仕組みをさまざまに工夫する必要がある。

第7章

評価者の役割

第7章　評価者の役割

最後に、評価の歴史と評価者の役割の変遷を見ておきたい。さまざまな歴史のとらえかたがあるだろうが、ここでは『第4世代評価』（Guba and Lincoln, 1989）におけるグーバとリンカーンの整理を紹介する。グーバとリンカーンは20世紀初頭からの近代の評価の歴史を4つに区分し、第1世代を「測定」の時代、第2世代を「記述」の時代、第3世代を「判断」の時代、そして彼らが提唱する新たな評価を第4世代とした。

第1世代の測定（measurement）の時代は、20世紀初頭の科学的管理方法[55]の隆盛を背景に、事業成果を客観的・科学的に測定する方法が評価の中心課題となった[56]。その結果が学校教育におけるテスト方法の開発と精緻化である。したがって、この時代の評価者には技術者（測定専門家、テスト作成者、統計専門家）であることが求められた。

第2世代の記述（description）の時代は、あらかじめ定められた目標と現状を比較して現状を記述するという記述評価の時代である。これは、第一次世界大戦終了後、当時のアメリカの高等学校のカリキュラムを改訂するにあたって、あらかじめ定められた学力目標を評価基準として、その目標に対する新旧2種類のカリキュラムの強みと弱みを記述することから始まった。したがって、この時代の評価者には目標と現状を比較して記述する記述者の役割が求められた。

第3世代の判断（judgment）の時代は、評価に価値判断が求められた時代である。1957年のソビエトによる人類初の人工衛星スプートニク1号の打ち上げ成功の報を受けて、西側諸国に衝撃と危機感が走った[57]。これによ

55　経験や勘にたよったいわゆる「なりゆき管理」に対して、F.テイラーらが提唱した客観的・科学的な労働管理方法で、テイラー・システムとも呼ばれる。テイラーは近代的経営管理の祖と目されている。

56　脚注48で解説した妥当性（validity）と信頼性（reliability）の概念が作られたのはこの時代である。

57　スプートニク・ショックと呼ばれる。

りアメリカでは科学教育をはじめとするさまざまな社会プログラムが多数実施され、その効果をただちに判断してプログラムの改善につなげることが評価に求められた。それまでの“科学的”な評価は事実の測定や記述にとどまっていたが、ここにいたって価値判断することが求められたのである。したがって、この時代の評価者には、事業が成功か失敗か、効果的か非効果的かといった価値判断をおこない、さらに事業を改善するための「提言」を提供することが求められた。

以上の流れを受けて、グーバとリンカーンは、従来の評価が科学的パラダイムに依存しすぎていたこと、そのために評価者が評価対象から離れたところに立つ観察者にとどまっていたこと、一方で、価値判断を求められながら価値の多元性に対応できていなかったことなどを批判し、第4世代評価を提唱した。1989年のことである。第4世代評価は構築主義[58]に立っており、評価対象の成否や価値は客観的に存在しているのではなく、人々の相互作用の結果として構築されると考える。しかし、人々の相互作用は時間とともに、またかかわる人々の変化とともに変化する。そのため評価の焦点や争点を事前に決めておくことはできないし、ある時点の焦点や争点をその評価のものとして固定することもできない。したがって、第4世代評価はプロジェクト関係者の継続的で終わりのない話し合いになる[59]。

58　構成主義とも呼ばれる（constructionism/ constructivism）。真実は客観的に存在するのではなく、人々の相互作用をとおして社会的に構築されるとする考え方。意味や価値も、個人の頭のなかに存在するのではなく、人々の交渉のプロセスのなかで構築される。人々の交渉は言語によっておこなわれるため、現実とその意味や価値は言語的に構築されるとする。

59　上記のとおり、構築主義は、意味や価値は存在するものではなく構築されるものと考える。そのため第4世代評価は、評価を、プロジェクトの意味や価値を「見出す」作業ではなく、プロジェクトの意味や価値を「創造する」作業と考える。創造するのは、プロジェクト実施機関や評価専門家ではなく、成果のユーザーや受益者を中心とした関係者である。評価をおこなう関係者は、対話や協議を通じてプロジェクトを意味づけ価値づけるなかで、プロジェクトに対する自分たちの立場や役割を定め、自分たちがプロジェクトに対してなすべきことを計画し実行する。第4世代評価は関係者の行動を引き出すのである。そして、行動はさらなる関係者を生むために、関係者は変わり、第4世代評価は継続的で終わりのない話し合いと行動になる。「第4世代評価はけっして終わらない。ただひととき立ち止まるだけである」（Guba and Lincoln, 1989, p.226）。けれどもこれは別の話。いつかまた別のときに話すことにしよう。

第4世代評価における評価者の役割は、それまでの3世代の評価者の役割を否定するものではなく、それらを包含し、拡張し、さらに第4世代評価特有の役割を付加するものである。第1世代の技術者としての役割は第4世代評価においても必要とされる。ただし、技術者の分析対象には定量的データだけではなく定性的データもふくまれる[60]。第2世代の記述者としての役割は、事業の成否や強み・弱みの記述にとどまらず、記述対象を選択し、そこに光をあて、“厚い記述”をおこなう歴史家としての役割に拡張される。第3世代の判断者としての役割は、関係者が判断する際のファシリテーターとしての役割となる。これらに加えて、評価の管理者としての役割は評価の協力者としての役割に、調査者としての役割は学習者と教師としての役割に、現実の発見者としての役割は現実の形成者としての役割に、受動的な観察者としての役割は能動的な変革者（チェンジエージェント）としての役割に転換される。

60 したがって第4世代評価も統計手法をもちいるが、統計による因果推論はおこなわない。なぜなら、因果関係も社会的構築物であると考える構築主義においては、同じデータと同じ手法をもちいれば誰がやっても同じ結果がでるような固定的な因果関係は存在しないからである。ちなみに、グーバは統計学者である。

おわりに

2015年9月の国連サミットにおけるSDGs（持続可能な開発目標）の採択を受けて、近年、開発援助プロジェクトの評価の見直しがおこなわれている。1991年にDACが評価5項目を提唱してすでに30年ちかい年数がたち、開発課題も多様化しているので、見直しは必要だろう。一方で、30年の歴史の重みのせいで、容易には変えがたい状況もあるらしい。途上国からは、ようやく評価5項目の考え方が浸透してきたところで、あまり大きく変えて欲しくないといった意見もあると聞く。それもあってか、見直しは5項目をSDGsに適合させる取り組みであって、5項目に代わるものを新たに考案しようということではないようだ。

DACは以前から5項目の柔軟な適用を推奨していて、項目を減らすことや増やすことはもちろん、各項目の定義にも柔軟性を認めている。実際、日本の外務省は外交の視点を、ドイツおよび欧州委員会（EC）は3C[61]を、あるNGOは住民参加の度合いを、それぞれ5項目に追加して評価をおこなっている。すでに多くの機関は5項目をそれぞれの必要に適合させているのである。

つまりこれは、評価5項目がプロジェクト評価のひとつの基本的な考え方を体現していて、基本であるがゆえに柔軟な適用が可能ということなのだろう。したがって、本書で紹介したプロジェクト評価の考え方と実践方法は、今後のさらなる発展のための基礎として、しっかりと踏みしめておくべきもの、ということになる。まったく新しい評価の考え方があらわれることも、それはそれで楽しみではあるが。

「けれどもこれは別の物語。いつかまた、別のときにはなすことにしよう。」

これはある児童文学の名作のなかに何度もでてくる言葉である。物語は

61 coherence, complementarity, coordination（一貫性、補完性、協調性）。EU開発協力政策における実践的主導原理。（和訳は筆者。）

時をこえて果てしなく広がってゆくけれど、すべてを語りつくすことはできない。だから、ここからさきは別の物語。また別のときに話すことにしよう。この言葉があらわれるたびに、そこからさきを想像して、わくわくしたのもだ。

本書においても、話はさらに広がってゆくけれど、すべてを語りつくすことはできない。そこで、この言葉を借用した。本書をこえた広い世界への入り口を、わずかでもしめすことができたならさいわいである。そして、それらについては、いつかまた、別のときに話すことにしよう。

引用・参考文献

エマーソン, R.・フレッツ, R.・ショウ, L.（共著）、佐藤郁哉・好井裕明・山田富秋（共訳）（1998）『方法としてのフィールドノート――現地取材から物語作成まで』新曜社。

Guba, E. and Lincoln, Y. (1989). *Fourth Generation Evaluation*. California: Sage Publications, Inc.

Lonsdale, J. and Bemelmans-Videc, M-L. (2007). "Introduction; accountability –the challenges for two professions," in Bemelmans-Videc, M-L., Lonsdale, J. and Perrin, B. (eds.), *Making accountability work: Dilemmas for evaluation and for audit*. New Brunswick: Transaction Publishers.

Mintzberg, H. (1982). "A Note on that Dirty Word 'Efficiency'," *Interfaces* 12, pp. 101–105.

OECD (2010). *Glossary of Key Terms in Evaluation and Results Based Management*. Paris: OECD Publications.

PMI®（2017）『プロジェクトマネジメント知識体系ガイド（PMBOK® ガイド）第 6 版』。

Scriven, M. (1980). *The logic of evaluation*. Inverness, California: Edgepress.

Scriven, M. (1993). "Hard-won lessons in program evaluation," *New Directions for Program Evaluation*, No. 58, pp. 1–107.

關谷武司・大迫正弘・三好崇弘（共著）（2013）『グローバル人材に贈るプロジェクトマネジメント』関西学院大学出版会。

Weiss, C. H. (1998). *Evaluation: Method for Studying Programs and Policies, Second Edition*. New Jersey: Prentice-Hall Inc.

索　引

さ

た

な

は

ま・や・ら・わ

【著者紹介】

大迫　正弘（おおせこ・まさひろ）

関西学院大学非常勤講師
有限会社ネフカ代表取締役、開発コンサルタント
博士（知識科学）、PMI 認定 PMP、FASID 認定 PCM モデレーター

著書：『プロジェクトとしての論文執筆：修士論文・博士論文の執筆計画』（共著、2016 年、関西学院大学出版会）
『グローバル人材に贈るプロジェクトマネジメント』（共著、2013 年、関西学院大学出版会）
『はじめての AHP（階層分析法）』（共著、2008 年、工学社）
訳書：『チベットの生と死の書』ソギャル・リンポチェ著（共訳、1995 年、講談社）

PMI: Project Management Institute（US）
PMP: Project Management Professional
FASID：一般財団法人国際開発機構
PCM: Project Cycle Management
AHP: Analytic Hierarchy Process

K.G. りぶれっと　No. 51

プロジェクト評価の考え方と実践

DAC 評価 5 項目によるプロジェクト評価

2019 年 12 月 15 日 初版第一刷発行

著　者　大迫正弘

発行者　田村和彦
発行所　関西学院大学出版会
所在地　〒 662-0891
　　　　兵庫県西宮市上ケ原一番町 1-155
電　話　0798-53-7002

印　刷　協和印刷株式会社

Printed in Japan by Kwansei Gakuin University Press
ISBN 978-4-86283-298-6

関西学院大学出版会「K・G・りぶれっと」発刊のことば

大学はいうまでもなく、時代の申し子である。

その意味で、大学が生き生きとした活力をいつももっていてほしいというのは、大学を構成するもの達だけではなく、広く一般社会の願いである。

研究、対話の成果である大学内の知的活動を広く社会に評価の場を求める行為が、社会へのさまざまなメッセージとなり、大学の活力のおおきな源泉になりうると信じている。

遅まきながら関西学院大学出版会を立ち上げたのもその一助になりたいためである。

ここに、広く学院内外に執筆者を求め、講義、ゼミ、実習その他授業全般に関する補助教材、あるいは現代社会の諸問題を新たな切り口から解剖した論評などを、できるだけ平易に、かつさまざまな形式によって提供する場を設けることにした。

一冊、四万字を目安として発信されたものが、読み手を通して〈教え―学ぶ〉活動を活性化させ、社会の問題提起となり、時に読み手から発信者への反応を受けて、書き手が応答するなど、「知」の活性化の場となることを期待している。

多くの方々が相互行為としての「大学」をめざして、この場に参加されることを願っている。

二〇〇〇年　四月